Papa Francis

© Wyatt North Publishing, LLC 2014

Editorial Wyatt North Publishing, LLC. A Boutique Publishing Company.

"Wyatt North" y "A Boutique Publishing Company" son marcas registradas de Wyatt North Publishing, LLC.

Copyright © Wyatt North Publishing, LLC. Todos los derechos reservados, incluyendo el derecho a reproducir éste libro o porciones de el en cualquier forma. Para más información por favor visite
http://www.WyattNorth.com.

Diseño de portada por Wyatt North Publishing, LLC. Copyright © Wyatt North Publishing, LLC. Todos los derechos reservados.

Los textos de las escrituras en este libro se tomaron de la *Nueva Biblia Americana, edición revisada* © 2010, 1991, 1986, 1970 Confraternidad de Doctrina Cristiana (Cofraternity of Christian Doctrine), Washington, D.C. y se utilizaron con la autorización del dueño de los derechos. Todos los derechos reservados. Ninguna parte de la Nueva Biblia Americana puede ser reproducida de ninguna forma sin el permiso por escrito del dueño de los derechos.

Acerca de Wyatt North Publishing

Habiendo empezando con un solo escritor, Wyatt North Publishing se ha expandido para incluir escritores de todo el país. Nuestros escritores incluyen profesores universitarios, teólogos religiosos e historiadores.

Wyatt North Publishing provee libros originales de alta calidad y perfectamente formateados.

Envíenos un correo electrónico y personalmente le responderemos ¡dentro de las primeras 24 horas! Como la dedicada compañía editorial boutique que somos, ponemos los intereses de nuestros lectores primero y nunca responderemos con mensajes automatizados. Envíenos un correo electrónico a hello@WyattNorth.com, y puede visitarnos en www.WyattNorth.com.

Acerca del Autor

Michael J. Ruszala tiene una maestría en Teología y Ministerio Cristiano, una licenciatura *summa cum laude* en Filosofía y Teología de la Universidad franciscana de Steubenville y está certificado como líder catequético parroquial por la Diócesis de Búfalo. Es director de formación de fe en la Iglesia Católica San Pío X en Getzville, Nueva York y un profesor adjunto de estudios religiosos en la Universidad de Niágara en Lewiston, NY. Michael es también un miembro activo de la Sociedad de Estudios Sociales Científicos Católicos y participa en la Junta de Catecumenado y el Comité de Evaluación de la Formación de Fe para la Diócesis de Búfalo. Ha publicado en varias revistas religiosas, incluida la Revisión de Justicia Social (Social Justice Review), la Revisión de Ciencias Sociales Católicas (Catholic Social Science Review) y Testimonio Laico en su versión en Línea (Lay Witness), con artículos que a menudo tocan el tema de la enseñanza papal contemporánea. Con intereses en música, arte, tenis y kayak, también disfruta de dirigir el Coro de Niños en su parroquia.

Prólogo

Comprender de la vida de Jorge Mario Bergoglio es esencial para comprender cómo el Papa Francisco pastoreó a su rebaño - y la clave es la misericordia.

¿Qué es exactamente lo que la gente encuentra tan atractivo sobre el Papa Francisco? Hay algo en él que cautiva y encanta a la gente, incluso gente que no sabe nada sobre él.

Aldo Cagnoli, un laico que desarrolló una amistad con el Papa cuando éste estaba sirviendo como un cardenal, comparte lo siguiente: "La grandeza del hombre, en mi humilde opinión no se encuentra en construir paredes o buscar refugio detrás de su sabiduría y su oficina, sino más bien en tratar con todo el mundo juiciosamente, respetuosamente y con humildad, y a estar dispuesto a aprender en cualquier momento de la vida; Eso es lo que significa para mí el Padre Bergoglio".

Este libro descubre la vida del 226avo. Papa de Roma, Jorge Mario Bergoglio.

INTRODUCCIÓN..8

VIDA TEMPRANA EN ARGENTINA 14

VOCACIÓN COMO JESUITA 19

DÍAS OBSCUROS EN ARGENTINA 25

LA RESISTENCIA PACÍFICA Y SECRETA DE BERGOGLIO 30

CRECIMIENTO COMO PASTOR DE ALMAS 36

PROMOVIENDO UNA CULTURA DE COOPERACIÓN 46

UNA VENTANA AL ALMA 53

EL PAPADO Y LA RENUNCIA DE BENEDICTO XVI 61

EL CÓNCLAVE DEL 2013 68

EL PAPA FRANCISCO SALUDA AL MUNDO 74

'EL OBISPO Y LA GENTE'...80

EL PAPA FRANCISCO Y SAN FRANCISCO 88

MISERICORDIA: UNA LLAVE PARA ENTENDER AL PAPA FRANCISCO
....94

REFORMA DE LA IGLESIA 103

EL PAPA FRANCISCO Y LA JUVENTUD.........................110

LA FUNCIÓN DEL PAPA FRANCISCO EN LA IGLESIA 116
Queridos jóvenes, por favor, no sean observadores de la vida, involúcrense. Jesús no se mantuvo como un observador, él se sumergió. No sean observadores, sino sumérjanse en la realidad de la vida, como lo hizo Jesús.

— Papa Francisco, Julio 27, 2013 Vigilia Juvenil de Oración en Rio

Introducción

Hay algo acerca del Papa Francisco que cautiva y encanta a la gente, incluso gente que no sabe nada de él. Fue elegido en tan sólo dos días de Cónclave, sin embargo, muchos de los que intentaron especular sobre quién podría ser el próximo papa apenas lo incluyeron en sus listas. La noche del miércoles 13 de marzo de 2013, el humo blanco tradicional se derramó hacia fuera de la chimenea de la Capilla Sixtina y se dispersó por todo el mundo a través de la televisión, el Internet, la radio y medios de comunicación social, señalando el comienzo de un nuevo papado.

Mientras la luz del día se desvanecía en la Ciudad Eterna, unas 150.000 personas se reunieron, observando atentamente para descubrir cualquier movimiento detrás de la puerta encortinada de la Logia de San Pedro. Un poco después de las 8:00, las puertas se abrieron y apareció el Cardenal Tauran, pronunciando la fórmula Latina tradicional para introducir al nuevo obispo de Roma: "Annuncio vobis gaudium magnum; habemus papam!" ("Anuncio a ustedes una gran alegría: ¡Tenemos Papa!") Luego anunció la identidad del nuevo Santo Padre: "Cardinalem Bergoglio..."

El nombre de Bergoglio, provocó confusión entre la mayoría de los fieles que inundaron la plaza que estaban aún más despistados que los mismos locutores de televisión, quienes trataban de descubrir quién era exactamente el nuevo Papa. Pausando brevemente, el Cardenal Tauran continuó anunciando el nombre del nuevo Papa: "...qui sibi nomen imposuit Franciscum" ("que toma para sí mismo el nombre Francisco"). Fuera quien fuera este hombre, su elección de nombre resonó con todos, y la multitud estalló con aclamaciones de júbilo. Pasaron unos momentos antes de que los locutores de televisión y sus equipos de apoyo informaran a sus audiencias globales que el hombre que estaba a punto de entrar en la logia vestido de blanco, era el cardenal Jorge Mario Bergoglio, de 76 años de edad, originario de Buenos Aires, Argentina.

Para agregar a la perplejidad y curiosidad de los presentes, cuando el nuevo Papa salió a recibir los estruendosos aplausos de la multitud en la Plaza de San Pedro, no dio el esperado gesto papal de brazos extendidos. En cambio, dio sólo un sencillo y modesto saludo. Además, antes de dar su primera bendición apostólica, él se inclinó pidiendo a los fieles, desde el más pequeño hasta el más grande, que rezaran en silencio por él. Estos actos fueron el comienzo de muchas más palabras y gestos, como el tomar un asiento en el autobús con los cardenales, rechazando el Papamóvil con vidrios a prueba de balas y pagar su cuenta del hotel después de su elección, lo que hizo elevar las cejas entre algunos de los que están familiarizados con las costumbres papales y las delicias de las masas.

¿Está haciendo una crítica acentuada de los pontificados anteriores? ¿Está simplemente postulando su persona a todo el mundo para validar un punto? El estudio de la vida de Jorge Mario Bergoglio da una respuesta clara, y la respuesta es no. Esto es simplemente un reflejo de quien es, como un hombre y sacerdote. El ejemplo de su pensamiento - provocar gestos fluye de su carácter, sus experiencias de vida, su vocación religiosa y su espiritualidad. Este libro revela la vida del Obispo 266.ª De Roma, Jorge Mario Bergoglio, también conocido como padre Jorge, un nombre que prefería incluso cuando era un arzobispo y cardenal.

¿Qué es exactamente lo la gente encuentra tan atractivo sobre el Papa Francisco? Aldo Canola, un laico que desarrolló una amistad con el Papa cuando éste estaba sirviendo como un cardenal, comparte lo siguiente: "La grandeza del hombre, en mi humilde opinión no se encuentra en construir paredes o buscar refugio detrás de su sabiduría y su oficina, sino más bien en tratar con todo el mundo juiciosamente, respetuosamente y con humildad, y a estar dispuesto a aprender en cualquier momento de la vida; Eso es lo que significa para mí el Padre Bergoglio

(como se cita en el Cap. 12 de Papa Francisco: Conversaciones con Jorge Bergoglio, publicado anteriormente como El Jesuita)

En el Día del Mundo Juvenil 2013, en Río de Janeiro, Brasil, 3 millones de jóvenes salieron a celebrar su fe con el Papa Francisco. Doug Barry, de Vida en la Roca (Life on the Rock) de EWTN, entrevistó a los jóvenes asistentes al evento sobre qué características del Papa Francisco destacaban más para ellos. La gente joven parecía más conmovida por su autenticidad. Una joven mujer de St. Louis, dijo, "realmente conoce a su audiencia. No solo dice cosas por decirlas... Y es realmente sincero y genuino en todo lo que hace." Su amigo estuvo de acuerdo: "observaba a la multitud y parecía que nos estaba mirando a cada uno de nosotros..." Un joven de Canadá agregó: "Usted puede realmente relacionarse con él... por ejemplo, anoche estaba hablando sobre la Copa del Mundo y los atletas." Una joven mujer comentó: "Siento que realmente cree lo que dice... practica lo que predica... afirma que él está ahí para los pobres y en realidad lo dice en serio".

El Espíritu Santo dirigió al Colegio de Cardenales en su elección del Papa Francisco para satisfacer las necesidades de la iglesia tras la histórica renuncia del Papa Benedicto XVI debido a su vejez. El representa el crecimiento y el cambio demográfico en la iglesia en todo el mundo y especialmente en el hemisferio sur. El

Papa Francisco es el primer Papa no europeo en casi 1.300 años. También es el primer Papa jesuita. El Papa Francisco ofrece un pasado y un conjunto de experiencias diferentes. Como Arzobispo y como Papa, su rebaño lo conoce por su humildad, frugalidad ascética en solidaridad con los pobres y su cercanía. Nació en Buenos Aires en una familia de inmigrantes italianos, obtuvo un diploma en química y siguió su vocación sacerdotal en la Orden Jesuita después de una experiencia de la misericordia de Dios al recibir el Sacramento de la Reconciliación. Aunque es conocido por su sonrisa y su humor, el mundo también reconoce al Papa Francisco como una figura severa que se levanta contra los males del mundo y desafía a los poderosos oficiales de los gobiernos cuando es necesario.

La iglesia que dirige es una que ha sido quemada en el oeste por las secuelas de los escándalos de abuso sexual y el creciente secularismo. También es una iglesia que está experimentando elevaciones en sus números en el oeste y está siendo desafiada por la persecución religiosa en el Medio Oriente, Asia y África. El Vaticano que ha heredado el Papa Francisco está plagado de amiguismo y escándalo. Sin embargo, este Santo Padre sabe que su trabajo no consiste simplemente en números, política o incluso éxito. Él huye del pesimismo sabiendo que él es el jefe del Cuerpo de Cristo en la tierra y trabaja con la gracia de Cristo.

Este es el hombre que Dios ha elegido en estos tiempos para guiar a su rebaño.

Vida Temprana en Argentina

Jorge Mario Bergoglio nació el 17 de diciembre de 1936, en el barrio de Flores de Buenos Aires. El barrio era un escenario de campo fuera de la ciudad durante el siglo XIX y muchos ricos hicieron de éste lugar su casa, primeros días. Para cuando Jorge nacía, Flores había sido incorporada a la ciudad de Buenos Aires y se había convertido en un barrio de clase media. Flores también es el hogar de la hermosa Basílica estilo romántico de San José de Flores, construida en 1831, con su cúpula sobre el altar, la esfera sobre la entrada y las columnas en su fachada. Era la iglesia de la parroquia de la comunidad de Bergoglio y tuvo mucha importancia en la vida de Jorge.

La familia del padre de Jorge había llegado en Argentina en 1929, emigrando de Piedimonte, del norte de Italia. Ellos no fueron los únicos que inmigraron al país. A finales del siglo XIX, Argentina se convirtió en un país industrializado y el gobierno promovió la inmigración de Europa. Durante ese tiempo, la tierra prosperó y Buenos Aires se ganó el apodo de "París del sur". En los finales del siglo XIX y principios del XX oleadas de inmigrantes de Italia, España y otros países europeos salieron de los buques que llegaban al puerto de Buenos Aires. Los primeros en emigrar fueron los tres tíos mayores de Jorge, quienes llegaron a

Argentina en 1922 buscando mejores oportunidades de empleo después de la I Guerra Mundial. Establecieron una empresa de pavimentación y construyeron un edificio de cuatro pisos para su empresa con el primer elevador de la ciudad. Jorge, su padre y abuelos paternos siguieron a los hermanos para mantener la familia unida y escapar el régimen fascista de Mussolini en Italia. El padre y el abuelo de Jorge también ayudaron con el negocio por un tiempo. Su padre, Mario, que había sido un agente contable en una empresa ferroviaria de Italia, proporcionaba servicios similares para el negocio de la familia (el Cardenal Bergoglio recuerda más sobre la historia de la inmigración de su familia y su vida temprana en el Cap. 1 de Conversaciones con Jorge Bergoglio).

Providencialmente, los Bergoglios se demoraron mucho en liquidar sus activos en Italia; Esto hizo que perdieran la nave en la que habían planeado viajar, la condenada Pricipessa Mafalda, que se hundió en la costa norte de Brasil antes de llegar a Buenos Aires. La familia navegó entonces en el Giulio Cesare y llegó a salvo a Argentina con Rosa, la abuela de Jorge. La abuela Rosa llevaba un abrigo de piel forrado con el dinero que la familia había traído desde Italia. Los tiempos económicos difíciles eventualmente alcanzaron a la Argentina en 1932 y el negocio de pavimentación de la familia se fuera a pique, pero los hermanos Bergoglio comenzaron de cero nuevamente.

Mario, el padre de Jorge, conoció a su madre Regina cuando asistía a misa, en 1934. Regina nació en Argentina, pero sus padres también eran inmigrantes italianos. Mario y Regina se casaron al año siguiente. Jorge, el mayor de sus cinco hijos, nació en 1936. Jorge recuerda con cariño a su madre reuniendo a los niños alrededor del radio los domingos por la tarde para escuchar ópera y explicarles la historia. Un verdadero porteño, como llaman los habitantes de la ciudad puerto de Buenos Aires, a Jorge le gustaba jugar al fútbol, escuchar a la música Latina, y bailar el tango. Los abuelos paternos de Jorge vivían en la esquina de su casa. El admiraba profundamente a su abuela Rosa y aún mantiene su oración, escrita para sus nietos, hasta este día. Jorge recuerda que mientras sus abuelos hacían sus conversaciones personales en Piamontés, Mario había decidió hablar en español la mayoría del tiempo, prefiriendo ver hacia el futuro, más que hacia el pasado. Por lo tanto, Jorge creció hablando italiano y español.

Al entrar en la escuela secundaria a la edad de trece años, su padre insistió en que Jorge comenzara a trabajar, a pesar de que la familia, en su estilo de vida modesto, no necesitaba de un ingreso extra. Mario Bergoglio quiso enseñar al niño el valor del trabajo y le encontró varias ocupaciones durante sus años adolescentes. Jorge trabajó en una fábrica de medias durante varios años haciendo limpieza y luego en un escritorio. Cuando entró en la escuela técnica para estudiar química alimenticia, Jorge encontró un trabajo en un laboratorio. Trabajó para una mujer que siempre lo desafió a hacer bien su trabajo. Se recuerda de ella, con tanto cariño como tristeza. Años más tarde, ella fue secuestrada y asesinada junto con varios miembros de su familia a causa de sus opiniones políticas durante la guerra sucia, un conflicto de los años 70 y 80 entre la dictadura militar y los guerrilleros en la que miles de argentinos desaparecieron.

Inicialmente descontento con la decisión de su padre de hacerle trabajar, Jorge afirma que más tarde en su vida se da cuenta de que el trabajo fue una valiosa experiencia formativa para él, que le enseñó cómo funciona el mundo, la responsabilidad y el realismo. Aprendió que el valor de una persona a menudo proviene de su trabajo, lo que lo llevó a comprometerse posteriormente en la vida para promover una cultura de trabajo en lugar de simplemente fomentar la caridad. Él cree que la gente necesita un trabajo significativo para prosperar. Durante su infancia y a través de su ministerio sacerdotal, él experimentó la diferencia entre los pobres y los ricos en Argentina, lo que les dejaba a los pobres pocas oportunidades de tener un empleo bien remunerado.

A la edad de 21 años, Jorge enfermó severamente. Le diagnosticaron quistes y neumonía grave. Le retiraron parte de su pulmón derecho superior y cada día Jorge soportaba el dolor y el malestar del líquido salino que le bombeaban a través de su pecho para limpiar su sistema. Jorge recuerda que la única persona que podía consolarlo durante este tiempo era una hermana religiosa que lo había catequizado desde la infancia, la hermana Dolores. Ella lo expuso al verdadero sentido del sufrimiento con esta simple declaración: "estás imitando a Cristo". Esta frase resonaba con él y con sus sufrimientos y durante ese tiempo y le sirvió como un crisol para su personaje, enseñándole a distinguir lo que es importante en la vida y lo que no es. Estaba siendo preparado para lo que Dios le estaba llamando a hacer en la vida, su vocación.

Vocación como Jesuita

Antes de reunirse con sus amigos en la estación de tren para ir a celebrar el Día del Estudiante el 21 de septiembre de 1954, Jorge decidió hacerle una visita a su parroquia, San José de las Flores. El Día del Estudiante marca el comienzo de la primavera en el hemisferio sur. En la iglesia, Jorge se sintió conmovido e inspirado por un sacerdote que estaba visitando ese día la iglesia y decidió solicitarle al sacerdote que escuchara su confesión. La experiencia abrumadora de la misericordia de Dios al recibir el Sacramento le despertó su vocación, que Dios lo estaba llamando al sacerdocio en la vida religiosa. "Algo extraño que me pasó en esa confesión. No sé lo que fue, pero cambió mi vida. Creo que me sorprendió, me sorprendió con la guardia baja," recuerda Jorge en el Cap. 4 de Conversaciones con Jorge Bergoglio. En ese momento, a la edad de diecisiete años, supo su vocación y se emocionó tanto que permaneció en la iglesia rezando en vez de encontrar a sus amigos en la estación de tren para celebrar el Día del Estudiante.

Su experiencia del llamado de Dios, a través de la misericordia de la confesión, se convirtió en inspiración para el lema que eligió para sí mismo cuando fue designado obispo auxiliar de Buenos Aires, y ha permanecido igual durante su papado:

"miserando atque eligendo". Estas palabras latinas son tomadas de una homilía de San Mateo por el Venerable Bede y se traducen como "viendo a través de los ojos de la misericordia, lo eligió" (como se traduce en el Cap. 4 de John Allen: Diez Cosas que el Papa Francisco Quiere que Sepas). La oración completa del Venerable Bede lee así: "Jesús, por lo tanto, vio al publicano, y porque él lo vio teniendo misericordia y eligiendo, dijo, 'Sígueme " (como traduce el padre Zuhlsdorf en 'Blog del padre Z'). La historia de San Mateo revela que tenía una de las profesiones más odiadas y menos éticas de su día en la Palestina del siglo I; Él era un recaudador de impuestos para los invasores romanos. Sin embargo, Cristo le mostró amor misericordioso, lo llamó, cambió su vida y le hizo un apóstol.

Durante una entrevista en el 2013 con el padre Antonio Spadaro, el Papa Francisco se refiere a la pintura de Caravaggio "La vocación de San Mateo" en la iglesia de Sn. Louis en Roma: "es el gesto de Mateo el que me llama la atención: se aferra a su dinero como quien dice, ' No, ¡yo no! No, este dinero es mío. "Aquí, este soy yo, un pecador a quien el Señor ha vuelto a su mirada "(como se traduce en la revista América).

Pasarían cuatro años más antes de que Jorge le dijera a alguien acerca de su discernimiento vocacional. Mientras tanto, continuaba sus estudios y trabajo en la química de los alimentos, pero pasaba más tiempo en oración silenciosa. Finalmente se graduó de la Universidad de Buenos Aires. A la edad de 21 años, Jorge sintió que era el momento adecuado para dar un paso serio hacia la realización de su vocación. Jorge le comentó primero a su padre acerca de su decisión de entrar al seminario. Su padre estaba satisfecho con su elección, pero su madre tuvo una reacción diferente. Cuando le dijo a su madre, ella se mostró indecisa y no aceptó su decisión durante muchos años. Su madre nunca lo visitó en el seminario, aunque pasaban tiempo juntos cuando llegaba a casa de vacaciones. Jorge, sin embargo, recuerda a su madre de rodillas, pidiendo su bendición el día de su ordenación. Jorge mantenía cerca de su corazón la forma en la que su abuela Rosa había sido un apoyo incondicional durante su discernimiento. Estaba contenta de que hubiese perseguido el sacerdocio, pero también dijo que lo apoyaría y lo recibiría de vuelta si descubría que no era para él después de todo.

Jorge sabía que quería unirse a una orden religiosa en lugar de convertirse en un sacerdote diocesano, y finalmente decidió unirse a los jesuitas, la Compañía de Jesús. La compañía de Jesús, a veces apodada el "Los Marinos de Dios" fue fundada por San Ignacio de Loyola en 1534 en París y ha estado en el frente de las filas de la evangelización. Los jesuitas comenzaron su Ministerio en la tierra que llegó a ser conocida como Argentina en 1586, continuando durante siglos su fundación de misiones, colegios, escuelas, parroquias y su servicio a los pobres en todas las regiones. El Papa Francisco recuerda en su entrevista de 2013 con el Padre Spadaro, S.J., "Hubo tres cosas en Particular que me llamaron la atención acerca de esa sociedad: el espíritu misionero, la comunidad y la disciplina. Y esto es extraño, porque yo soy una persona muy, muy indisciplinada. Pero su disciplina, la forma en que administran su tiempo — estas cosas me impactaron mucho", continúa "y luego una cosa que es muy importante para mí: la comunidad. Yo siempre estaba buscando una comunidad. No me veía a mí mismo como un sacerdote por mí mismo. Necesitaba una comunidad".

La ordenación de Jorge estuvo sujeta a un proceso de discernimiento y el interés en el sexo opuesto también desempeñó su papel. Antes de comprometerse más seriamente al sacerdocio, estaba enamorado de una chica de su edad, cuando tenía doce años. Dijo que quería casarse con ella, pero sus padres desaprobaban de ella. Cuando estaba en el seminario, Jorge conoció a una chica muy guapa en la boda de su tío y pasó una semana luchando, tratando de decidir qué camino seguir... De hecho, recuerda que él no pudo orar durante toda esa semana debido a su lucha. Sin embargo, permaneció en el seminario y decidió, junto a sus superiores, que su vocación al sacerdocio era genuina.

Los jesuitas tienen un proceso de formación largo y con mucha disciplina que incluye oración, estudio y ministerio. Durante sus tres primeros años, Jorge fue enviado al seminario Arquidiocesano Inmaculada Concepción, en Buenos Aires. Después de entrar en el noviciado en 1958, fue enviado a Santiago de Chile, para proseguir sus estudios en Humanidades. En 1960, tomó sus primeros votos en la Compañía de Jesús. En ese mismo año, obtuvo una licenciatura en filosofía, un postgrado avanzado otorgado por la Iglesia, del Colegio Máximo San José en San Miguel, provincia de Buenos Aires, Argentina.

En 1964, Jorge enseñó literatura y psicología en el Colegio de la Inmaculada, un colegio Jesuita de educación secundaria en Santa Fe, Argentina. Dos años más tarde, en 1966, enseñó en la escuela de secundaria del Colegio del Salvador en Buenos Aires. Gustaba ser un maestro y amaba a sus estudiantes. Jorge recuerda en el Cap. 5 de Conversaciones con Jorge Bergoglio, "los quiero mucho. Nunca fueron, ni son ahora, indiferentes para mí, y nunca los he olvidado. Quiero darles las gracias por todo lo bueno que hicieron conmigo, particularmente por la forma en que me enseñaron a ser más un hermano que un padre. "En una de sus clases de literatura, pidió a los estudiantes que probaran su mano en la escritura de cuentos cortos. Los estudiantes amaron el proyecto y las historias resultaron tan buenas que ameritaron ser publicadas en un libro. El enfoque de Jorge a la docencia era similar a su acercamiento a todo lo demás; añadiendo siempre un toque personal

Nos comparte, "Si intenta educar usando sólo principios teóricos, sin recordar que lo más importante es la persona que está delante de ti, entonces caes en una especie de fundamentalismo... no pueden absorber las lecciones que no están acompañadas por el testimonio de una vida y un grado de cercanía..." Durante sus días como maestro, Jorge también impartió clases de teología, filosofía y humanidades.

Jorge Bergoglio, finalmente fue ordenado como sacerdote el 13 de diciembre de 1969, por el arzobispo Ramón José Castellano. En 1972, se convirtió en maestro de novicios. Tras su período de tercera probación de formación en Alcalá, España, tomó sus votos perpetuos con la Compañía de Jesús el 22 de abril de 1973. Casi inmediatamente después, fue elegido a provincial de la orden en Argentina y Uruguay, del 31 de julio de 1973, hasta 1979. Su mandato como provincial coincidió con la guerra sucia en Argentina, entre la dictadura militar y los guerrilleros. Ambos grupos asesinaron a miles de sus supuestos opositores. Mientras tanto, un creciente número de jesuitas querían involucrarse en el conflicto. Por decir lo menos, no sería un trabajo fácil para Jorge Bergoglio.

Días obscuros en Argentina

En los inicios del siglo XX, Argentina atrajo oleadas de inmigrantes como una tierra de oportunidades. El país dio un giro en la década de 1930 y fue golpeado duramente por el colapso financiero mundial y una serie de dificultades económicas. La brecha socioeconómica entre los ricos y pobres, así como la plaga en el aumento de la inflación se convirtieron en problemas perennes. Los políticos con ideologías radicales a menudo realizaban llamamientos a los votantes con la esperanza de ver días mejores. Los líderes militares intervenían para derrocar a los líderes radicales, reuniendo juntas y dictaduras que luego provocaban movimientos de la guerrilla para tratar de derrocar a los dictadores. El país también tuvo el desafío de caminar sobre una línea muy fina durante la guerra fría, entre el gigante capitalista Estados Unidos y la comunista Unión Soviética, tratando de no enojar a ninguna de las dos superpotencias.

Juan Perón, un oficial militar que se tornó líder populista, fue elegido Presidente en 1946 trayendo progreso a algunos frentes, pero al mismo tiempo también creó muchos enemigos. Expandió enormemente los programas sociales para los pobres mientras silenciaba brutalmente a sus oponentes, cometiendo violaciones a los derechos humanos. Su ideología izquierdista era difícil de precisar y llegó a ser conocida simplemente como 'Peronismo'. Fue derrocado por los militares y exiliado en 1955, estableciéndose en España. Dieciocho años después, en 1973, la situación en Argentina se había deteriorado tanto, que Perón volvió a ser elegido para un segundo mandato a la edad de 77 años. Murió al año siguiente y fue sucedido por su esposa, Isabel Martínez de Perón en 1974. Por medio de su breve Presidencia, la guerra sucia estaba en marcha como luchó a combatientes paramilitares anticomunistas, continuando a menudo medio turbio de su marido para mantenerse en el poder. Prontamente fue depuesto y exiliado por los militares en 1976 en medio de una crisis que vio disparada inflación en el país.

Intentando erradicar a los peronistas y simpatizantes comunistas, el ejército estableció el 'Proceso de Reorganización Nacional, "que resultó ser una junta brutal que duró varios años, desde 1976 a 1983. Bajo la famosa 'Operación Cóndor' decenas de miles de argentinos sospechados de ser disidentes políticos fueron secuestrados, torturados y asesinados por los militares. A las mujeres embarazadas que fueron secuestradas se les permitió dar a luz y sus bebés pero éstos fueron robados y regalados a las familias de los militares. Luego, las madres fueron asesinadas. Los presuntos disidentes eran lanzados desde aviones militares para que se hundieran en el Atlántico. A menudo se mutilaban los cuerpos de las personas ejecutadas en la tierra. Mientras tanto, varios grupos de guerrilleros marxistas, incluyendo el Montoneros, bombardeaban y asesinaban a personas en todo el país. Miles fueron asesinados y secuestrados. Hoy en día, el pueblo argentino todavía está lidiando con la pérdida y el desplazamiento de personas que tuvo lugar durante la guerra sucia.

Para hacer las cosas aún peores, en 1982, en un intento para reunir el nacionalismo alrededor de su régimen y distraer a la gente de los problemas internos, la junta invadió las Islas Malvinas (Falkland) que se encuentran aproximadamente a mil millas de la Costa Argentina, un grupo de islas que se han sabido durante mucho tiempo argentinas, pero gobernadas por el Reino Unido desde 1833. En respuesta, las flotas navales británicas, portaaviones y bombarderos rápidamente hicieron su camino hacia el Atlántico Sur, provocando una rápida victoria del Reino Unido. La guerra de Malvinas duró un poco más de dos meses, pero vino a expensas de cientos de víctimas y el hundimiento de varios buques de guerra en ambos lados. La pérdida para la Argentina, sin embargo, la llevó a la desgracia y al último derrumbamiento de la junta en 1983 y la restauración de la democracia.

Conmovidos por la situación de los pobres y la dureza del gobierno, muchos de los sacerdotes jesuitas se reunieron alrededor de varias teologías de liberación que a menudo se mezclaban con la política marxista y a veces con los integrantes de la guerrilla. El padre Bergoglio también estaba muy interesado en la situación de los menos afortunados, pero vio los peligros para la iglesia en muchas de las cepas de la teología de la liberación que circulaban a través de América Latina. En la escuela secundaria, el padre Bergoglio tuvo un profesor comunista a quien consideraba altamente e incluso leyó una publicación comunista, pero nunca llegó a ser un comunista. Muchos en América Latina culpaban al capitalismo americano por la situación económica de sus países.

Como sacerdote y provincial, el padre Bergoglio se dio cuenta de que el Evangelio de Cristo no puede reducirse a cualquier ideología mundana, especialmente una que impulsa la revolución violenta. Muchas de las teologías de la liberación sustituían la última esperanza cristiana del cielo con una utopía mundana, atestando el énfasis del Evangelio en la liberación del pecado y la muerte a favor de la liberación de la opresión socioeconómica. Además, estaba claro para el padre Bergoglio que los sacerdotes, como líderes de la iglesia, nunca deben tomar las armas o participar en actos homicidas contra los opresores. También tuvo que mantener la seguridad de los jesuitas durante la junta. Como provincial, el padre Bergoglio fue firme con sacerdotes que confundían, predicando el Evangelio mientras fomentaban la ideología estrechamente asociada a la guerrilla. Incluso tuvo que despedir a algunos sacerdotes de la Compañía de Jesús que se negaron a cumplir.

A mediados de 1980, la Congregación para la Doctrina de la Fe emitió dos documentos correctivos con respecto a la teología de la liberación. Los documentos, promulgados por el entonces cardenal Ratzinger, futuro Papa Benedicto XVI, afirmaron el auténtico mensaje de liberación cristiana del pecado, así como la opción preferencial de la iglesia hacia los pobres mientras advertía fuertemente contra el confundir el Evangelio con la ideología mundana o la revolución violenta. Después de que el padre Bergoglio se convirtió en Papa, el padre Lombardi, el Secretario de prensa del Vaticano, dijo: "con respecto a la 'teología de la liberación': Bergoglio se ha referido siempre a las instrucciones de la Congregación para la Doctrina de la Fe. Él siempre ha rechazado la violencia, diciendo que su precio siempre es pagado por los más débiles"(como está citado en el Cap. 7 del Papa Francisco por Matthew Bunsen, en donde se explica la situación en Argentina y los jesuitas durante ese tiempo). De hecho, algunos de los lazos de los sacerdotes con la resistencia, casi llevarían a la tragedia.

La Resistencia Pacífica y Secreta de Bergoglio

Dos Jesuitas en particular, el padre Orlando Yorio y el padre Francisco Jalics, quienes trabajaban entre los pobres en las favelas o barrios pobres de Buenos Aires, persistieron en las enseñanzas políticamente cargadas. Sus predicas llamaron la atención de la junta después de que el ejército arrestó a un hombre que había trabajado con los sacerdotes antes de unirse a la guerrilla. Los dos Jesuitas desaparecieron en 1976, cautivos por los militares en la escuela de mecánica de la armada, un sitio famoso por sus torturas y asesinatos.

En ese tiempo, la iglesia en la Argentina a menudo guardaba silencio acerca de las atrocidades de la guerra sucia. Los obispos emitieron después disculpas por las omisiones hechas por los clérigos. En el año 2000, grupos de defensa de las víctimas también acusaron al Cardenal Bergoglio por haber guardado silencio sobre los secuestros e incluso, tal vez, ayudar a la junta con la tarea. Estas acusaciones reaparecieron en los medios de comunicación una vez más cuando Bergoglio ascendió al papado.

En 2013, el reportero Nello Scavo publicó un libro en Italia, "La Lista di Bergoglio" (lista de Bergoglio). Usó entrevistas con ex fugitivos argentinos, diversas entrevistas con Bergoglio y documentos de la corte para revelar lo que realmente ocurrió durante la guerra sucia. Sandro Magister, un experto del Vaticano, escribe en un informe sobre el libro, "lo que hizo el joven provincial de los jesuitas argentinos durante esos largos años fue un misterio. Tan denso como para incitar la sospecha de que había presenciado pasivamente el horror, o peor aún, había expuesto a un peligro mayor a algunos de sus correligionarios, quienes estaban más comprometidos con la resistencia." En noviembre de 2010, los abogados que representaban a las víctimas de la guerra sucia examinaron ampliamente al cardenal Bergoglio en un procedimiento judicial y cuestionaron el por qué se había reunido con Jorge Videla y Emilio Massera, líderes de la Junta. Insinúan que tal vez era un conspirador, junto con los dictadores. Después de todo, durante su tiempo en cautiverio, los captores de los padres Yorio y Jalics les habían comunicado que el padre Bergoglio había sido quien les había traicionado, y el padre Bergoglio nunca abogó públicamente por su liberación.

El padre Bergoglio reconoció que una convocatoria pública para la liberación de los sacerdotes habría sido un acto muy peligroso para él y su orden. En cambio, se las arregló secretamente a rogar por su liberación. En una carta al hermano del padre de Jalics, el padre Bergoglio escribió: "Yo he presionado al gobierno muchas veces para que liberen a su hermano. Hasta ahora no hemos tenido ningún éxito. Pero no he perdido la esperanza de que su hermano sea liberado pronto. He tomado este asunto como propio. Las dificultades que su hermano y yo hemos tenido sobre la vida religiosa no tienen nada que ver con él "(como está citado en el Cap. 7 del Papa Francisco por Matthew Bunson).

Arriesgando su propia vida, el padre Bergoglio estaba determinado a hablar cara a cara con las cabezas del gobierno de la junta, el general Jorge Videla y el Almirante Massera. Su interés con Massera, un almirante naval de alta jerarquía en la junta, era llegar a Videla para abogar por la liberación de los sacerdotes. No habiendo tenido éxito en su primera reunión con Videla, el padre Bergoglio estaba determinado a intentarlo de nuevo. El padre Bergoglio encontró al sacerdote que rutinariamente oficiaba Misa para Videla en su propio domicilio y lo convenció para que dijera que estaba enfermo y así cambiar de lugar con el sacerdote. Se fue a casa del general para decir misa y luego se acercó a Videla. Videla le confirmó que, tal y como el padre Bergoglio había sospechado, los padres Yorio y Jalics estaban efectivamente en la escuela de Mecánica Naval. Luego se acercó a Massera. En 2010, Bergoglio compartió con la corte su conversación con el Almirante: "' Mira, Massera, los quiero regresar vivos.' Me levanté y fui". Al día siguiente, los dos sacerdotes fueron puestos en libertad, después de cinco meses de secuestro, drogados y tirados desde un helicóptero a un pastizal.

Los sacerdotes se dieron cuenta de que el padre Bergoglio no los había traicionado con la junta y se reconciliaron con él. El Padre Jalics ahora vive en Alemania y ha apoyado el papado de Bergoglio. El Padre Lombardi reside en el Vaticano y respondió los ataques contra Bergoglio sobre estos eventos: "las acusaciones corresponden a un uso de análisis histórico-sociológico de los años del período de la dictadura hechas hace muchos años por elementos de la izquierda anticlericales que gustaban de atacar a la iglesia. Deben rechazarse firmemente "(como se cita en el Cap. 7 de Papa Francisco por Matthew Bunson). Pero esto no fue todo. El padre Bergoglio de hecho tenía mucho que esconder de la junta.

Bergoglio admitió en entrevistas que él había ayudó a ocultar personas de la junta durante la guerra sucia e incluso le proporcionó su propia identificación a un hombre buscado que se asemejaba a él. El libro, "Lista de Bergoglio", revela que el padre Bergoglio fue en realidad el cerebro de una red secreta cuidadosamente orquestada para ocultar y transportar a personas específicas. La red trabajó desde una institución jesuita localizada a pocas cuadras del palacio presidencial. Los fugitivos eran matriculados en el seminario del Colegio Máximo de San Miguel como estudiantes o participantes. Ni los fugitivos ni los colaboradores de Bergoglio sabían quién entre ellos era un fugitivo y quién era un estudiante actual.

Sólo les dieron suficiente información para que cumpliera con su misión particular. Según el magistrado, "Bergoglio era el único que sujetaba todas las cadenas". Los fugitivos a menudo eran transportados a Brasil secretamente por tierra o a Uruguay por barco de carga y pasaban por personal contratado. Según el padre Juan Scannone, un jesuita que trabajó con el padre Bergoglio, "si alguno de nosotros hubiera conocido la información y nos hubieran secuestrado y sometido a torturas, toda la red de protección se habría derrumbado. El padre Bergoglio estaba consciente de este riesgo y por esta razón lo guardaba todo en secreto. Un secreto que mantuvo incluso después, porque nunca quiso presumir esa misión excepcional". Además de salvar al menos varias decenas de vidas, estos tiempos prepararon al padre Bergoglio para su futuro liderazgo en la iglesia. El padre Bergoglio creía que muchos de los problemas de su país podrían ser resumidos a una falta de solidaridad y de preocupación por los compatriotas que eran diferentes, ya sea política o socioeconómicamente. Había muchas facciones en el país que dividían a los ricos y a los pobres y a lo largo de los años muchos acontecimientos tristes y cargados de emociones han ampliado ese abismo. Aunque el país es rico en recursos naturales, muchos de los recursos no han sido desarrollados, lo que hace a las ciudades la sede principal de cualquier empleo posible.

Los pobres carecen de educación y han caído en un patrón de dependencia; muchos no han tenido la oportunidad de desarrollar una ética de trabajo real. Además, la tasa de pobreza en Argentina se ha multiplicado exponencialmente en los últimos decenios. El padre Bergoglio habla de los pobres, "es responsabilidad de todos: es mía, tal y como es los obispos, todos los cristianos y aquellos que gastan dinero sin una conciencia social clara " (véase el Cap. 10 de Conversaciones con Jorge Bergoglio para leer más sobre sus reflexiones sobre los problemas dentro de la Argentina). Muy pronto el padre Bergoglio tendría una oportunidad a escala nacional para hacer todo lo que estaba en su poder para promover una "cultura de cooperación".

Crecimiento como Pastor de Almas

Después de que su mandato como provincial terminó en 1979, el padre Bergoglio fue asignado como rector de un seminario, escribió varios libros, realizó estudios avanzados y se convirtió en un destacado director espiritual en la Espiritualidad Ignaciana. Bergoglio fue nombrado a rector de la Facultad de filosofía y teología en el Colegio Máximo San José en San Miguel, una institución donde había estudiado y luego había servido como director novato y profesor. También impartió clases de teología mientras asistía a sus deberes administrativos. Escribió y publicó varios libros, entre ellos Meditaciones para Religiosos en 1982, Reflexiones sobre la Vida Apostólica en 1986 y Reflexiones de Esperanza en 1992.

Interesado en estudiar la obra del teólogo Romano Guardini, de la era del Vaticano II, fundador del movimiento Comunión y Liberación, el padre Bergoglio recibió permiso para ir a Alemania en 1986 para consultar con los profesores acerca de una tesis doctoral. Mientras que estuvo en Alemania, recibió formación en la espiritualidad, aprendió idioma alemán y se encontró con la imagen de Mary Untier de Knots en Augsburg. Después presentó la imagen de Mary Untier de Knots en

Argentina para que intercediera en problemas matrimoniales y otras situaciones difíciles en la vida.

Luego, el padre Bergoglio fue enviado a Córdoba, en Argentina central, para servir como párroco y director espiritual. Fue conocido entre los jesuitas por su experiencia con los ejercicios espirituales de San Ignacio de Loyola, su fundador. Los ejercicios espirituales implican un prolongado período de reflexión, típicamente 30 días, bajo la dirección de un director espiritual, para meditar y a escuchar la voz de Dios. Este ejercicio lo ayuda a uno a discernir los elementos en la vida que lo llevan más lejos o más cerca de Dios. El padre Spadaro, en una entrevista con el Papa Francisco, le preguntó lo que significaba para un jesuita ser elegido a papa y cómo cambiaría esto su ministerio.

La respuesta del Santo Padre fue, "Discernimiento". Él continuó, "el discernimiento se hace siempre en la presencia del Señor, mirando los signos, escuchando las cosas que pasan, el sentimiento de la gente, especialmente de los pobres... el discernimiento en el señor guía mi manera de gobernar".

El arzobispo Ubaldo Calabresi, el nuncio papal en Argentina, y el padre Bergoglio se hicieron buenos amigos. Calabresi consultaba con Bergoglio sobre los sacerdotes que estaban siendo considerados para el episcopado. Un día, el nuncio le dijo al padre Bergoglio que tenían que conocer en persona. El padre Bergoglio estaba casualmente realizando un viaje con tres escalas dentro de la Argentina, así que Calabresi se ofreció a reunirse con él en el aeropuerto de Córdoba. Bergoglio padre, recuerda, "era el 13 de mayo de 1992. Me hizo una serie de preguntas sobre cuestiones serias. Y cuando estaba a punto de abordar el avión me dijo: ' Ah... una última cosa... ha sido nombrado obispo auxiliar de Buenos Aires, y el nombramiento se hará oficial el día 20.' Así, lo dijo como si nada..."(del Cap. 12 de conversaciones con Jorge Bergoglio). A los jesuitas no se les permite ocupar oficinas dentro de la iglesia, aunque pueden aceptar el cargo bajo obediencia al Papa, bajo quien toman un voto especial de obediencia.

El Papa Juan Pablo II hizo el nombramiento aconsejado por el cardenal Antonio Quarracino, Arzobispo de Buenos Aires, debido a la reputación e inteligencia de Bergoglio como un sabio director espiritual. Bergoglio fue consagrado obispo en el 27 de junio de 1992 y se hizo Obispo titular de Auca. Tomó como su lema el mismo que usaría como Papa: miserando atque eligendo (viendo a través de los ojos de la misericordia, lo eligió). Su primera asignación como obispo auxiliar fue actuar como Vicario pastoral del distrito que lo vio crecer: Flores, en Buenos Aires. Fue responsable de la supervisión pastoral de la zona. Al año siguiente, en 1993, fue nombrado vicario general de la

Arquidiócesis. Ahí fue responsable del cardenal y su administración diaria. La escritura nos dice, "Hijo mío, lleva a cabo tus asuntos con humildad, y serás amado más que un dador de regalos. Mientras más humildemente actúes, más grande serás y encontrarás misericordia ante los ojos de Dios"(Eclesiástico 3:17-18). El Obispo Bergoglio mantuvo el perfil más bajo de los obispos auxiliares de la Arquidiócesis y a menudo fue visto participando en humilde trabajo pastoral entre los jóvenes y los más pobres. A menudo servía en los suburbios de la ciudad. Apeló a muchos grupos de personas, incluyendo a los estudiantes de la Universidad de Flores quienes le buscaban para recibir sus consejos, confesión y dirección espiritual.

Varios años después, la salud del Cardenal Quarracino declinó tanto que le pidió a Roma que nombraran un arzobispo coadjutor para sucederle tras su paso. Bergoglio, recuerda, "el 27 de mayo de 1997, Calabresi me llamó y me invitó a comer con él. Estábamos tomando café, y yo estaba listo para darle las gracias por la comida y retirarme cuando me di cuenta de que habían traído un pastel y una botella de champagne. Creí que era su cumpleaños y estaba a punto de ofrecer mis mejores deseos, pero me sorprendió diciéndome 'No, no es mi cumpleaños,' y sonriendo ampliamente agregó 'Resulta que eres el nuevo obispo coadjutor de Buenos Aires' "(del Cap. 12 de Conversaciones con Jorge Bergoglio). Para sorpresa de muchos, el Cardenal Quarracino había recomendado a Bergoglio como su sucesor. Al darse cuenta que estaba destinado a convertirse en el jefe espiritual de más de 2,5 millones de almas, el arzobispo Bergoglio continuaba humildemente usando el transporte público y a menudo se desplazaba en bicicleta.

El primer evento importante de Bergoglio como arzobispo coadjutor fue la Asamblea Especial para América del Sínodo de obispos en Roma, en noviembre de 1997. El documento "Encuentro con Jesucristo Vivo: El Camino hacia la Conversión, Comunión y Solidaridad en América" fue producido en el evento. Fue la primera experiencia del arzobispo Bergoglio con el Vaticano desde su interior y la misma aumentó su aprecio de la Iglesia universal. Meses después, el 28 de febrero de 1998, fallece el Cardenal Quarracino y el arzobispo Bergoglio asume plena jurisdicción de la Arquidiócesis de Buenos Aires. Tener al padre Jorge como arzobispo sería, sin duda, una experiencia para los fieles de Buenos Aires.

Un Cardenal para los Pobres

El arzobispo Bergoglio se negó a habitar el palacio episcopal y tomó como residencia un pequeño apartamento superior en un edificio diocesano al lado de la catedral. También rechazó la gran oficina reservada para el arzobispo, temiendo que sería demasiado imponente y lejana para los visitantes. Usó esa oficina para almacenamiento, y tomó una más pequeña y acogedora en su lugar. El arzobispo Bergoglio también se negó a contratar a un cocinero, eligiendo en su lugar cocinar sus propias comidas, como su madre le había enseñado desde hacía muchos años. También preparaba comidas para sus huéspedes y bromeaba acerca de su cocina, "Bueno, aún nadie ha muerto..." (Del Cap. 1 de Conversaciones con Jorge Bergoglio). Los porteños estaban sorprendidos y encantados de encontrarse al nuevo arzobispo de la ciudad, vestido como un sacerdote ordinario, entablando conversaciones casuales con personas en el autobús o el metro e insistiendo en que lo llaman 'padre Jorge.

El arzobispo Bergoglio tomó muy en serio su responsabilidad con sus sacerdotes. Quería permanecer accesible para ellos, así que designó una línea de teléfono y un período de una hora temprano en la mañana que permitía a cualquier sacerdote que llamarle directamente para hablar de lo que necesitara sin pasar nunca por un Secretario. También permanecería durante largas horas en la cabecera de los sacerdotes que estaban gravemente enfermos o moribundos. El arzobispo Bergoglio, recordando sus días como profesor seminarista, se mantuvo cerca de los seminaristas de la Arquidiócesis, tanto así que a algunas de las clases de seminaristas en Buenos Aires se les conoce como la "generación Bergoglio".

El arzobispo Bergoglio no se olvidó de los pobres. Promovió una percepción de la iglesia tan cerca de los marginados como pudo, a través de sus palabras y acciones. Él continuó yendo a las casas de la gente de los barrios pobres a comer comidas sencillas con ellos. También apoyó y alentó personalmente a otros sacerdotes para trabajar en los barrios pobres, aumentando considerablemente sus números en las favelas. Además, estableció una vicaría diocesana, 'Sacerdotes de las Favelas,' para organizar y apoyar a los sacerdotes en su ministerio. Se reunió periódicamente para ofrecer apoyo a las familias que habían perdido familiares a causa de los secuestros ocurridos en la guerra sucia, conocidos como los 'desaparecidos'. El padre Facundo, un sacerdote que alguna vez fue uno de sólo seis sacerdotes que trabajaban en las favelas, dijo, "ahora hay veinte y cuatro de nosotros porque nos apoya personalmente y viene a trabajar con nosotros en medio de la calle. Él celebra misas para las prostitutas en la Plaza de la Constitución, visitas a los pacientes de SIDA y también se mantiene en contacto con las familias de los desaparecidos, esperando siempre que, por lo menos, la verdad nos haga libres. (Del Capítulo 8 de Francisco: el Papa de un Nuevo Mundo de Andrea Trnielli).

Los sacerdotes en las favelas han cambiado vidas, una persona a la vez. Miriam, quien en un momento dado de su vida fue una mujer muy desesperada, es una de sus historias de éxito. Tornielli, comparte la reflexión de Miriam, "Pensé que no había más salvación más para mí. Pero en las calles seguía encontrándome al sacerdote que me decía, 'Dios te ama'. Ahora trabajo como maestra de Catecismo y quiero llegar a ser un asistente de terapia para los adictos a las drogas que desean curarse." El arzobispo Bergoglio creía que el contacto con las personas en los lugares donde ellas pasan la mayoría de su tiempo era una buena práctica para llegar a los habitantes de las favelas y tocando todos los demás. Bergoglio, recuerda, "una vez sugerí a los sacerdotes que alquilamos un garaje, y que si encontrábamos con una persona dispuesta, le enviáramos a pasar tiempo con la gente, a dar instrucción religiosa e incluso a dar la comunión a los enfermos o a aquellos que estuvieran dispuestos. Un párroco me dijo que si hiciéramos eso, los creyentes ya no volverían a ir a misa. '¿Tú crees?' Exclamé. ¿Quiere decir entonces que muchos fieles vienen a escuchar tu misa ahora? (como se cita en el Capítulo 7 de Conversaciones con Jorge Bergoglio).

El Papa Juan Pablo II había hecho Cardenal a Bergoglio en 2001, un rango que requiere un mayor nivel de solicitud para la Iglesia universal del arzobispo de Buenos Aires. Amigos y seguidores planearon ir a Roma para apoyarlo en la recepción de la beretta roja, pero Bergoglio les pidió que se ahorraran los gastos, que permanecieran en Argentina y que donaran el dinero de su viajes a los pobres. Viviendo la opción preferencial por los pobres de la iglesia, el Cardenal Bergoglio dio lo mejor de su tiempo a los marginados. El día de Navidad, siempre cocinaba para la gente de las favelas de Buenos Aires, y celebraba la Misa de la cena del Señor durante la semana Santa en 2008 lavando los pies de los jóvenes que se estaban rehabilitando de su adicción a las drogas.

Creyendo que la iglesia tiene que ser un lugar de bienvenida para Santos como para pecadores, al cardenal Bergoglio le agobiaba que algunos sacerdotes se negaban a bautizar a los bebés de madres solteras. Insistió en que el niño no era el culpable y que a las madres se les debía mostrar misericordia, felicitarlas por la elección de vida que habían tomado respecto a su bebé y ofrecerles apoyo. Le entristecía que estas madres no fuesen bienvenidas y que fueran obligadas a ir de iglesia en iglesia para encontrar a un cura que estuviera de acuerdo en bautizar a la criatura.

Una vez en el año 2004, una madre que había tenido siete hijos de dos hombres diferentes y nunca los hubo bautizado porque era demasiado caro tener todos los padrinos presentes acudió a él. El Cardenal Bergoglio se ofreció a bautizar a los niños en su capilla después de impartirle una breve instrucción de la fe y ofreció a proceder con el bautismo con sólo dos padrinos que sirvieron como representantes de los demás. Luego, compartió bocadillos y refrescos para celebrar. La madre no estaba acostumbrada a ser tan bien acogida en la iglesia, y Bergoglio le recuerda diciendo: "'padre, no lo puedo creer, me hace sentir importante. Yo respondí, 'pero señora, ¿dónde entro yo? , si es Jesús quien te hace importante' "(véase el Cap. 8 de Papa Francisco por Matthew Bunson para leer más sobre el estilo pastoral del cardenal Bergoglio).

Promoviendo una Cultura de Cooperación

En 2001, la economía Argentina se detuvo. Mientras que la junta había llegado a su fin en 1983, sus estructuras de control dejaron al país con enormes deudas. Además, mientras se restauraban las elecciones democráticas, los demagogos a menudo mareaban a los votantes, haciendo promesas imposibles de cumplir y a menudo, causando mucho daño. Cuando los mercados mundiales se hundieron en el 2001, Argentina era incapaz de pagar sus deudas y la economía estaba destrozada. La inflación se disparó 5000%, el desempleo creció cerca del 18% y la tasa de pobreza se disparó a cerca del 50%. Los empleados promedio del gobierno recibieron un pago final bastante elevado, mientras que a aproximadamente 500.000 de los mejor remunerados no les pagaron nada.

Asimismo, mientras algunos intentaban rescatar sus ahorros enviando su dinero al el extranjero, las cuentas bancarias en Argentina pronto fueron congelados por el gobierno y sólo permitieron pequeños retiros. Los argentinos salieron a las calles para protestar las políticas del gobierno y desfogar sus frustraciones y a menudo recibieron malos tratos de la policía. La violencia estalló, y varias personas perdieron la vida. El presidente De la Rúa fue obligado a renunciar en medio de las protestas, pero los argentinos no confiaban realmente en ninguno de los políticos alternativos. Uno de cada cinco votos en las elecciones presidenciales fue elegido como un 'voto de ira', una simple frase que no indicaba ninguna opción.

En medio de la crisis, el cardenal Bergoglio, emergió como uno de los pocos líderes capaces de unir la nación, promoviendo una cultura de cooperación (ver cap. 8 de Papa Francisco por Matthew Bunson para leer más sobre las acciones de Bergoglio durante este tiempo). La gente lo vio como una voz creíble que se preocupa por los pobres y la clase media. Denunció la brutalidad policial contra los manifestantes e instó a los manifestantes para detener la violencia. Una vez, al ver a una mujer siendo golpeada injustamente fuera de su residencia durante la protesta, se contactó con un oficial de alto rango y le dijo al oficial lo que estaba pasando y le pidió que lo detuviera. Él advirtió a la población sobre las promesas poco realistas de los políticos y también advirtió sobre las influencias de explotación de del exterior. El Cardenal Bergoglio también denunció sobre las soluciones propuestas que comprometían a los pobres. Les dijo a las personas que la forma real de hacer un cambio era cambiar uno mismo. La Argentina se había convertido en una nación demasiado dividida. El país carecía de solidaridad y confianza y el cardenal Bergoglio reconoció que era un problema espiritual que requería una solución espiritual.

En el 2003, Néstor Kirchner, una figura muy carismática, se convirtió en presidente después de una sucesión de otras dos cortas Presidencias durante la crisis. El Cardenal Bergoglio denunció la política económica de Kirchner porque explotaba a los pobres. Además, los funcionarios del gobierno de Kirchner podían manipular a su favor las cifras económicas, sin hacer justicia a la situación real que enfrentaba el argentino promedio. En respuesta, el Cardenal Bergoglio hizo que la Arquidiócesis recopilara sus propias estadísticas sobre la inflación y el desempleo en la Argentina. Kirchner, a su vez, arremetió contra el cardenal, llamándolo el "líder de la oposición". El presidente decidió hacer otros planes para la conmemoración anual de la Revolución de Mayo, un día cuando el Presidente tradicionalmente atiende el servicio Te Deum con el arzobispo en la catedral.

Kirchner terminó su mandato en el 2007, y su esposa Christina Fernández de Kirchner fue elegida Presidente después de él. Néstor Kirchner murió en el 2008, y cardenal Bergoglio lamentó su muerte. Christina de Kirchner intentó lograr un cambio social que ya había llegado a muchos otros países, introduciendo el aborto y el matrimonio homosexual en Argentina. Mientras que el aborto está prohibido por la Constitución Argentina, Christina de Kirchner, respaldada por la Corte Suprema, expandió ampliamente las excepciones permitidas por la ley. También tuvo éxito en promulgar la legislación que permite el matrimonio homosexual. El Cardenal Bergoglio, predicando como de costumbre sobre asuntos de importancia nacional desde su púlpito en la hermosa Catedral Metropolitana de Buenos Aires, denunció enérgicamente ambos movimientos. Insistió en que era necesario proteger al niño por nacer en todos los casos de aborto para fijar un valor absoluto de los derechos humanos. Él creía que si uno está autorizado a matar a un niño que está por nacer en "circunstancias especiales", también podrían retirarse los derechos humanos en "circunstancias especiales".

Un documento supervisado por el cardenal Bergoglio de las conferencias episcopales acontecidas durante la Conferencia General de la América Latina y el Caribe, establece lo siguiente sobre el aborto: "si queremos mantener una base sólida e inviolable de los derechos humanos, debemos reconocer absolutamente que siempre se debe defender la vida humana desde el momento de la concepción. De lo contrario, las circunstancias y las conveniencias de los poderosos siempre encontrarán excusas para abusar de las personas". En un diálogo interreligioso, registrado en el libro "En el cielo y la tierra", con su amigo el rabino Abraham Skorka, el Cardenal Bergoglio comparte más pensamientos sobre el aborto: "el problema moral con el aborto es de naturaleza religiosa previa porque el código genético de la persona está presente en el momento de la concepción. Ya hay un ser humano. Yo separo la cuestión del aborto de cualquier concepto religioso... El derecho a la vida es el primer derecho humano. El aborto es matar a alguien que no puede defenderse."

El cardenal Bergoglio también cree que el matrimonio del mismo sexo es un paso muy serio en la dirección equivocada. Bergoglio le dijo al rabino Skorka sobre los matrimonios del mismo sexo: es una " regresión 'antropológica,' un debilitamiento de la institución que tiene miles de años de antigüedad y que fue forjada según la naturaleza y la antropología." El Cardenal Bergoglio insistió también en que los matrimonios del mismo sexo deben ser rechazados, ya que los niños merecen un padre masculino y una madre femenina. Él predicó desde el púlpito de la Catedral, "no seamos ingenuos: no es una simple lucha política; es una intención [la cual es] destructiva del plan de Dios. No es un mero proyecto legislativo (esto es un mero instrumento), más bien un 'movimiento' del padre de las mentiras que quiere confundir y engañar a los hijos de Dios"(como se cita en el Cap. 8 del Papa Francisco por Matthew Bunson). Christina de Kirchner respondió al punto de Bergoglio con un anuncio de página completa en el periódico acusando al cardenal de quedarse en la edad media.

La construcción de la Catedral Metropolitana de Buenos Aires donde el cardenal Bergoglio había presidido comenzó a finales del siglo XVI, pero las muchas reparaciones estructurales y renovaciones importantes que protagonizó a través de los siglos le dieron su actual forma ecléctica, pero gloriosa. Doce pilares que representan a los doce apóstoles forman un pórtico largo y alto en la que se apoya su ornamentada fachada neoclásica. Una cúpula del siglo XVIII se levanta sobre el enorme retablo. El púlpito está parado al lado. El Cardenal Bergoglio predicó desde el púlpito contra muchos males sociales de la ciudad y la nación, como el tráfico de seres humanos y la prostitución. También predicó contra graves desigualdades económicas, que crecieron tras la crisis financiera del 2001. El ardiente predicar desde el púlpito de la Catedral Metropolitana fue el método preferido del cardenal de comunicar la palabra hablada a su Arquidiócesis y a la nación. Él aceptaba muy pocas entrevistas.

El Cardenal Bergoglio creció a la prominencia nacional e internacional entre los obispos. En 2001, fue designado a rector de la 10ª Asamblea del Sínodo de obispos en Roma porque los ataques terroristas del 11 de septiembre impidieron que el cardenal Egan de Nueva York llegara a Roma. Esta oportunidad aumentó su nivel de exposición entre los cardenales y obispos. A continuación, el Cardenal Bergoglio asistió al cónclave de 2005, que siguió a la muerte del Papa Juan Pablo II. El Cardenal Ratzinger fue elegido y se convirtió en el Papa Benedicto XVI, y, mientras que las actas del cónclave siguen siendo un secreto, se cree ampliamente que el cardenal Bergoglio recibió el segundo mayor número de votos. Regresó a Roma en octubre de 2005, para participar en la XI Asamblea del Sínodo de obispos.

Luego en noviembre de 2005, fue elegido Presidente de la Conferencia Episcopal Argentina y fue reelegido para otro mandato en el 2008. El Cardenal Bergoglio utilizó su papel como Presidente para organizar a sus compañeros obispos contra las políticas de Kirchner que violaban la doctrina social católica. En el 2007, el cardenal Bergoglio supervisó la redacción del documento publicado por los obispos durante la Conferencia General de América Latina y el Caribe, que proporcionaba una visión pastoral unida para la región. En este rol, fue capaz de lograr una "cultura de la cooperación" entre los obispos, una habilidad que pronto necesitaría como nunca antes.

Una Ventana al Alma

Aunque Bergoglio no acepta muchas entrevistas, ha compartido lo suficiente como para darnos un vistazo a su vida personal y sus valores. Cuando se le preguntó, "¿Cómo se introduciría usted mismo a un grupo de personas que no tienen idea de quién es?" El Cardenal Bergoglio dio una respuesta alegre y humilde, "Yo soy el sacerdote Jorge Bergoglio, Me gusta ser un sacerdote"(del Cap. 12 de Conversaciones con Jorge Bergoglio). Cuando Padre Spadaro le preguntó años más tarde, buscando tener una mayor comprensión sobre el nuevo Pontífice romano, quien es Jorge Mario Bergoglio?" El Papa Francisco respondió: "Yo soy un pecador. Esta es la definición más precisa. No es una metáfora, ni un género literario. Yo soy un pecador".

La palabra 'piedad' encapsula su vocación y su pontificado. Su pintura favorita es la Crucifixión Blanca por el artista francés Marc Chagall, un judío. En la pintura, Chagall representa, en el estilo surrealista, muchos símbolos inquietantes y confusos de las atrocidades cometidas contra el pueblo judío. El punto focal y el único punto de consuelo y paz en la pintura, es el rostro de Jesús crucificado en el centro con los ojos cerrados, con un manto de oración judío en lugar de un taparrabo. La imagen de Jesús es resignada y no muestra tormento, mientras que también representa su misericordia sobre los agravios a su alrededor. Es una reminiscencia del lema latín del Papa Francisco, miserando atque eligendo. El Papa le dice al Padre Spadaro, "Creo que el gerundio Latino miserando es imposible de traducir al italiano y al español. Me gustaría traducir con otro gerundio que no existe: misericordiando." Tal vez podríamos traducir el lema como "'misericordia-ndo' y eligiendo".

Una de las obras favoritas de literatura de Bergoglio es la novela italiana clásica del siglo XIX, "I Promessi Sposi", traducido como "Los novios". El papa Francisco le dice al Padre Spadaro, "he leído Los Novios, de Alessandro Manzoni, tres veces y lo tengo ahora en mi mesa porque quiero leerlo otra vez. Manzoni me dio mucho. Cuando era niño, mi abuela me enseñó de memoria el principio de Los Novios: "Esa rama del lago Como que se tuerce hacia al sur entre dos cadenas ininterrumpidas de montañas..." " La novela está situada en la Italia del siglo XVII en un tiempo cuando las personas estaban cargadas tanto por las opresores draconianas como por el pánico generalizado y la pérdida debida a la Peste Negra cuyos tormentos no escatimaban ni a ricos ni a pobres, ni a opresores ni a oprimidos. El poder violento y mundano de Don Rodrigo, muy temido por todos, se contrasta con el poder misterioso y espiritual de un hombre que no le tiene miedo, el humilde y Santo Padre Christoforo. El padre Christoforo no lleva ningún arma y no tiene ningún título. El

fraile capuchino no le teme a la muerte a manos de hombres poderosos o de una terrible enfermedad. Se le e vestido en un hábito humilde, de pie frente a los temibles opresores de las personas y cuidando a las víctimas de la plaga en su momento de muerte. Es el hombre más poderoso en la novela y una inspiración para
Bergoglio.

El papa Francisco habla a menudo de la bondad, la verdad y la belleza, los aspectos de todas las cosas que reflejan al creador, como una experiencia que unifica a los creyentes y no creyentes. Le dijo a los periodistas que se habían reunido para conocer al recién elegido Papa el 16 de marzo de 2013, "esto es algo que tenemos en común, puesto que la Iglesia existe para comunicar precisamente esto: Verdad, Bondad y Belleza 'en 'persona." El Papa Francisco tiene un gran aprecio por la belleza musical, algo que su madre le inculcó cuando reunía los niños alrededor del radio los domingos por la tarde. Compartió con el Padre Spadaro algunos de sus favoritos musicales, "entre los músicos me encanta a Mozart, por supuesto. El "Et incarnatus est' de su misa en do menor es incomparable; ¡te eleva hacia Dios! Me encanta a Mozart interpretado por Clara Haskil. Mozart me satisface... Y luego las pasiones de Bach. Una pieza de Bach que amo mucho es el 'Erbarme Dich,' las lágrimas de Pedro en la

'Pasión de Sn. Mateo'. Sublime." Él compartió, de hecho, que casi siempre usa el radio para escuchar música clásica.

Bergoglio también es muy "porteño", un oriundo de Buenos Aires. De hecho, comparte en el libro "Conversaciones con Jorge Bergoglio", que Buenos Aires es su lugar favorito en el mundo. Disfruta del tango, diciendo, "Es algo que viene de dentro". Bergoglio goza de la yerba mate, un té caliente popular en Argentina hecho y degustado de un recipiente tallado del árbol de hoja perenne. Se prepara y se coloca en una calabaza con una pajilla metálica, llamada una bombilla, que tiene una boquilla en un extremo y un tamiz en el otro. La calabaza está llena de hojas secas, aplastadas, a las que se les agrega agua caliente, lo que le da un sabor distintivo a hierba. Una imagen muy circulada del papa recién elegido Francisco fue una en la que comparte mate con la Presidente Christina de Kirschner, que, a pesar de sus diferencias, había venido a Roma para felicitarlo. También fue conocido por compartir mate en las casas de los pobres, en los barrios pobres de Buenos Aires. Habiéndose unido desde niño, el Papa Francisco sigue pagando sus cuotas como miembro de la liga de futbol Lorenzo, en Buenos Aires, y recientemente le llevaron a Roma una playera del club. A los miembros del club, quienes apoyan al equipo profesional San Lorenzo de Almagro, se les conoce como Cuervos, nombrados así por la sotana negra que vestía su fundador, el padre Lorenzo, quien fundó el grupo para mantener a los jóvenes alejados de los problemas.

Cuando se trata de idiomas, además del español, Bergoglio habla italiano, portugués, alemán, francés, piamonteses, genovés e inglés. Mientras que se siente cómodo hablando en italiano, confiesa que el inglés lo encuentra entre los más difíciles debido a la pronunciación. Su comprensión del piamontés y genovés, y por lo tanto su facilidad con el italiano, proviene de escuchar las conversaciones de sus familiares mayores en estos dialectos cuando era un niño. Su fluidez en alemán viene de sus días de estudio en Alemania.

Bergoglio le tiene una devoción especial a St. Teresa de Lisieux. La Santa francesa del siglo XIX, que inspiró también a la madre Teresa, conocida por su 'Pequeña Forma' de realizar pequeñas obras con gran amor y por su 'Baño de Rosas' como un signo de la oración contestada. El Papa Francisco comparte en el Cap. 12 del libro "Conversaciones con Jorge Bergoglio" lo siguiente: "Cada vez que tengo un problema, le pido a la Santa no que lo resuelva, sino que lo tome en sus manos y me ayude a aceptarlo y, como muestra, casi siempre recibo una rosa blanca." Bergoglio ha tenido buenas experiencias cuando comparte sus devociones entre la gente, especialmente en Argentina, porque están arraigadas en la cultura y mantienen a la gente cerca de Dios.

Bergoglio tiene misericordia para otros ritos y creencias. Sabiéndole apreciador de la belleza y el espíritu de la liturgia de rito oriental y las oraciones en la iglesia católica, fue nombrado ordinario de los ritos orientales católicos en Argentina que carecían de una normal, mientras servía también como arzobispo de Buenos Aires.

El Cardenal Bergoglio se convirtió en buen amigo del rabino Abraham Skorka y publicaron un libro juntos, registrando su diálogo sobre temas religiosos, titulado "En el cielo y la tierra". Skorka recuerda, "el diálogo interreligioso, que adquirió un significado especial tras el Concilio Vaticano II, generalmente comienza con una etapa de "té y simpatía "antes de pasar a los temas más complicados. Con Bergoglio, no había tal escenario. Nuestra conversación comenzó con un intercambio de bromas terribles sobre nuestros mutuamente favorecidos equipos de fútbol y derivó inmediatamente a la franqueza del diálogo sincero y respetuoso. Cada uno de nosotros expresa su particular visión sobre los muchos temas que dan forma a la vida. No había cálculos o eufemismos, solo ideas claras y directas. Uno abrió su corazón al otro, al igual que el Midrash [el comentario tradicional en las Escrituras por los rabinos] define la amistad verdadera."

En su diálogo, los dos líderes religiosos alternan discutiendo sobre sus opiniones y valores sobre un tema determinado, como sociedad, cultura, moral, Dios y la religión. Uno estaría de acuerdo con mucho de lo dicho y entonces procedería a contribuir con sus valores, perspectivas y experiencias. Incluso en los casos donde Bergoglio, como un arzobispo católico, discrepaba con las opiniones de Skorka, se abstenía de criticarlo a menos que hubiese un malentendido que tuviera que ser despejado. Esto representa su estilo de diálogo y amistad; esta experiencia también arroja luz sobre el enfoque del Papa Francisco a muchas situaciones.

Para Bergoglio, el diálogo es el camino a la armonía y a la solidaridad, reconociendo la uniformidad en los demás y sus diferencias con respeto. Un diálogo genuino, según Bergoglio, es carente en el clima político en Argentina. En "Conversaciones con Jorge Bergoglio", comparte que la gente debe reconocer "que la otra persona tiene mucho que ofrecer, que tenemos que estar abiertos a esa persona escucharla, sin juicio, sin pensar que porque sus ideas son diferentes a las nuestras, o porque es ateo, no puede ofrecernos nada. Eso no es así. Todo el mundo tiene algo que ofrecer, y todo el mundo puede recibir algo". Además, según Bergoglio, "el crecimiento real en la conciencia humana sólo puede estar fundada en diálogo y amor. Diálogo y amor significa reconocer las diferencias de los demás, aceptando la diversidad. Sólo entonces podemos llamarlo una verdadera comunidad: al no intentar someter a otros a mis criterios y prioridades, no 'absorbiendo' a otros, sino reconocerlos por lo valiosos que son...."

El acercamiento de Bergoglio al diálogo no está basado en el relativismo; Él es un firme creyente en la verdad con un corazón abierto para amar a los que pueden ser diferentes. Asimismo, la apertura de Bergoglio a todos y su énfasis en la uniformidad no provienen de una ingenuidad de los problemas del mundo o de la iglesia. En cambio, su enfoque es uno de la misericordia, un tipo de misericordia que presupone la existencia del pecado y la división entre nosotros. Como un líder de la iglesia, su enfoque ha sido como el padre en la parábola del hijo pródigo, parado en el camino con los brazos abiertos, recibiendo a su hijo, sin preguntas.

El Papado y la Renuncia de Benedicto XVI

El 2 de abril del 2005, a la edad de 84, un cansado y enfermo Papa Juan Pablo II fue llamado a la vida eterna después de un muy completo pontificado de 26 años. Programado por el Papa Francisco para ser declarado Santo el domingo de la Divina Misericordia el de 2014, el hombre a veces llamado 'Juan Pablo Magno' era conocido por sus prolíficos escritos papales y la profundidad de sus enseñanzas, por la gran atracción que ejercía sobre las multitudes en sus viajes alrededor del mundo, su cercanía con la juventud y su canonización de múltiples Santos. En el cónclave que siguió, mientras que los cardenales juraban mantener el secreto sobre el procedimiento, se cree que el cardenal Bergoglio recibió el segundo mayor número de votos. El Cardenal Bergoglio era muy diferente en estilo y énfasis del Papa Juan Pablo II, y su elección en aquel momento puede haber indicado un alejamiento de él. El experto en el Vaticano Vittorio Messori hace una educada especulación basada en los comentarios de los cardenales que, por esta razón, tanto el cardenal Bergoglio y los otros cardenales decidieron elegir al cardenal Ratzinger, un consejero cercano del Papa Juan Pablo II y su prefecto de la Congregación de la Doctrina de la Fe (como se recuerda en la introducción de Conversaciones con Jorge Bergoglio).

El Cardenal Ratzinger, quien ya había sido reconocido como uno de los más grandes teólogos del siglo XX, se convirtió en el Papa Benedicto XVI a la edad de 78. Salió de la Logia de San Pedro el 19 de abril de 2005, con los brazos extendidos en el estilo de su predecesor, saludando a las multitudes con estas palabras: "Queridos hermanos y hermanas: después del gran Papa Juan Pablo II, los Señor Cardenales me han elegido, un simple y humilde trabajador en la Viña del Señor." Oriundo de Alemania, tomó el nombre de 'Benedicto' con miras a revitalizar la fe y la cultura de Europa. El nombre es una reminiscencia del Papa Benedicto XV, quien dirigió la iglesia durante las turbulencias de la I Guerra Mundial, y San Benito de Murcia, conocido como padre espiritual y patrono de Europa.

El ex Prefecto de la congregación para la doctrina de la fe había desarrollado la reputación de ser un gran disciplinado porque tuvo que corregir muchos errores bajo su mandato. El Papa Benedicto XVI, sin embargo, habiendo surgió como un líder religioso cálido, paternal y reconciliador mundial, era visto con recelo por los medios seculares y algunos teólogos progresistas. El Papa Benedicto XVI había vivido y respirado la cultura del Vaticano durante muchos años y restauró algunos de los mayores símbolos tradicionales del papado, tradiciones que enfatizaban la dignidad y la distinción de la sociedad moderna.

Emitió tres encíclicas, simples y fundamentales en su alcance pero increíblemente profundas y penetrantes. Estableció un lugar para la liturgia II pre Vaticano junto a la liturgia actual para que los sacerdotes pudieran celebrar a cualquiera a voluntad. Invariablemente insistió en la enseñanza de la doctrina de la fe, instruir a los fieles a practicar la verdadera caridad.

La ultima encíclica del Papa Benedicto XVI Caritas in Veritate (Caridad Verdadera), reafirma y promueve la enseñanza social católica, destacando la opción preferencial de la iglesia por los pobres, la preocupación por el medio ambiente y denunciando las desigualdades extremas en todo el mundo.

Antes de convertirse en Papa, el cardenal Ratzinger había presentado su dimisión como prefecto a Papa Juan Pablo II, esperando pasar a su retiro, escribiendo y estudiando. El santo padre se negó a aceptar su renuncia. Mientras el papa continuaba realizando su propio trabajo, a pesar de su deteriorada condición física, eligiendo ser un modelo de sufrimiento redentor, el prefecto se resignó a seguir en su servicio, por lo menos hasta la muerte de Papa Juan Pablo II. Entonces fue nombrado Papa y tuvo que soportar muchas dificultades durante los siguientes años. Los escándalos de abuso sexual continuaron en el oeste, y algunos incluso acusaron al papa Benedicto de complacencia con el tema cuando él era un obispo

Una cita de la época de las Cruzadas de su perspicaz comunicado Regensburg, que se centraba principalmente en la unidad de la fe y la razón, fue sacada de contexto y transmitida por los medios de comunicación, enojando a los musulmanes de todo el mundo. También algunos sospechaban corrupción en el banco del Vaticano y dentro de la Curia del Vaticano, como se destacó durante el escándalo de 'Vatileaks' en el 2012, durante el cual el mayordomo del Papa robó documentos confidenciales del estado del Vaticano, revelando fechorías y amiguismos. Los documentos fueron filtrados a un periodista quien más tarde los publicó en un libro. Mientras tanto, el Santo Padre, que más tarde se reveló tenía un marcapasos por una condición en su corazón, continuaba a envejeciendo y sentía que carecía de la capacidad de mantenerse al día con las obligaciones del papado moderno.

En abril de 2009, el Papa Benedicto XVI visitó la tumba del monje ermitaño San Celestino V, en Aquila, Italia, quien renunció al papado en 1296 después de sólo unos meses, luego de darse cuenta que él era más adecuado para la vida monástica que para la tarea que le había sido asignado. San Celestino había proporcionado la legislación necesaria la iglesia para la dimisión del papa antes de su partida. La renuncia de un Papa debe realizarse en completa libertad, deliberadamente, y de tal manera que su resolución sea conocida públicamente. Sin embargo, San Celestino terminó sus días como un prisionero de su sucesor que temía que quizá regresara. Se repetía a sí mismo, refiriéndose a la celda de un monje, "querías una celda, Pedro, y tienes una celda". En el 2010, el Papa Benedicto XVI le reveló a Peter Seewald en su libro-entrevista, "Luz del mundo", que creía que a veces es el deber de un Papa el dimitir. También reveló que él creía que el trabajo que debía hacer como Papa ya se había logrado.

Varios periódicos importantes informaron que el Papa Emérito había explicado que había tenido una experiencia mística en la que Dios le concedió un deseo fuerte y sostenido de llevar una vida de oración, renunciando a su oficina. El Padre Lombardi, el Secretario de prensa del Vaticano, dijo a los periodistas que fue finalmente durante el viaje del Santo Padre a Cuba en marzo de 2012, que se dio cuenta de sus limitaciones debido a su edad y el Papa Benedicto definitivamente, pero secretamente, resolvió que dimitiría. Pronto el santo padre era transportado alrededor de San Pedro en una plataforma motorizada que el Papa Juan Pablo II había utilizado alguna vez hacia sus últimos días

El Papa Benedicto pidió un consistorio de cardenales el 11 de febrero del 2013, para aprobar los milagros como parte del proceso de canonización de los tres Santos que iban a ser nombrados pronto. Al final del consistorio, el frágil pontífice de 85 años de edad, aún sentado en su silla, dirigió suavemente un mensaje importante en latín a los cardenales a través de un micrófono - su decisión de renunciar a su oficina, efectiva el 28 de febrero de 2013 a las 8 de la noche. Él dijo, "tras haber examinado repetidamente mi conciencia delante de Dios, he venido a la certeza de que mis fortalezas, debido a mi edad avanzada, ya no son adecuados para un adecuado ejercicio del Ministerio Petrino... En la actualidad, sujeto a tantos cambios rápidos y sacudido por cuestiones de profunda importancia para la vida de fe, con el fin de gobernar la barca de San Pedro y proclamar el Evangelio, tanto fuerza de cuerpo como mente son necesarias, fuerza que en los últimos meses se ha deteriorado en mí en la medida en que he tenido que reconocer mi incapacidad para cumplir adecuadamente con el Ministerio...y ahora, confiemos nuestra Santa Iglesia a las manos de nuestro Pastor Supremo, nuestro Señor Jesucristo (como fue traducido en el Cap. 1 de El Papa Francisco, por Matthew Bunson)

Los ojos de los cardenales se encontraron unos con otros, expresando su sorpresa e incredulidad. Ningún Papa había renunciado desde Gregorio XII en 1415, para poner fin al gran cisma. El Papa Benedicto XVI había tenido éxito en mantener su decisión en secreto; Sólo había informado a un puñado de hombres. La última misa pública del Papa Benedicto XVI como obispo de Roma se celebró el miércoles de ceniza. Luego, a las 16:45 del 28 de febrero de 2013, el Papa Benedicto XVI despegó desde el Vaticano en helicóptero, el sonido de las hélices se mezcló con el de las campanas de la Basílica de peajes y los vítores de apoyo de las multitudes mientras se elevaba volando a Castel Gandolfo, la residencia papal de verano.

Aterrizando en la cerrada ciudad construida cerca de la orilla del hermoso Lago Albano, dio su último mensaje y bendición como Papa: "Gracias... [por] su amistad que me hace tanto bien... A partir de hoy a las 8 de la noche ya no seré el sumo pontífice de la iglesia católica. Simplemente seré un peregrino que estará empezando la última parte de su peregrinación en la tierra. Pero con mi corazón, mi amor, mi oración, con todas mis fuerzas internas, trabajaré para el bien común y el bien de la iglesia y de toda la humanidad..." A las 8, se cerraron las puertas del Palacio de Castel Gandolfo, el apartamento del Papa en el Vaticano fue sellado y el anillo del pescador fue desfigurado para que el sello no pudiera ser utilizado otra vez. El histórico interregno papal había comenzado.

El Cónclave del 2013

'Papables' es la palabra italiana para las personas que tienen probabilidades de convertirse en Papa. Técnicamente hablando, los cardenales-electores de un cónclave (esos cardenales que son menores de 80 años) pueden elegir cualquier varón católico bautizado sin impedimentos como Papa, pero la mayoría de los papas que son elegidos son cardenales. En el 2013, el cardenal de 76 años de edad Bergoglio estaba cerca del final de la lista de papables, principalmente debido a su edad. Desde que el Papa Benedicto XVI se ha referido a las limitaciones de su avanzada edad en su discurso de dimisión, la gente especuló que los cardenales reunidos para el cónclave estarían buscando a un miembro más joven entre sus filas.

Una gran preocupación entre los cardenales era encontrar a alguien capaz de reformar la iglesia frente a los escándalos de abuso sexual y proporcionar un sólido manejo de la Curia Romana y el banco del Vaticano, que se habían convertido en una fuente de escándalo. También deseaban a un hombre de fe dinámica que fuera un comunicador vibrante y evangelizador capaz de llegar a la modernidad, como la juventud, los medios de comunicación, gente de diferentes países y situaciones y aquellos que se han alejado de la iglesia. Consideraron otros factores incluyendo la habilidad para hablar varios idiomas populares y un nivel de confort con la comunicación a través de la tecnología moderna. La cuenta de Twitter del Papa Benedicto '@Pontifex', por la cual periódicamente enviaba inspiradores 'tweets' sobre asuntos de fe, se había hecho muy popular en el mundo en línea (Matthew Bunson explica las inquietudes de los cardenales y sus expectativas en el Cap. 3 de Papa Francisco).

Durante los últimos 500 años, los papas han procedido de Italia ya que la mayoría de los cardenales nombrados eran italianos. La tendencia en los tiempos modernos, sin embargo, ha cambiado, con la elección del cardenal Wojtyla de Cracovia como el Papa Juan Pablo II y el entonces cardenal Ratzinger de Alemania como el Papa Benedicto XVI. La cara del Colegio de cardenales también ha cambiado en las últimas décadas para reflejar mejor la universalidad de la iglesia, por lo tanto, se ha incrementado la probabilidad de que los papas recién elegidos no sean italianos. Italia tiene el mayor número de cardenales todavía, pero ahora es seguido por los Estados Unidos. Matthew Bunson, en su libro, enumera la división global de los cardenales: 61 de Europa, 17 de América del norte, 16 de América del sur, 11 de África, 11 de Asia y 1 de Oceanía. También, mientras se muestra un declive en Europa y América del norte, debido al secularismo, el catolicismo está creciendo considerablemente en el hemisferio sur y en Asia, aunque la persecución de los cristianos se ha convertido en una epidemia en el medio Este, África y Asia. La crisis de la vocación que consume a Europa y Norte América no existe en muchas de esas jóvenes iglesias que ahora representan el futuro del a Iglesia. En general, y gracias al mundo en desarrollo, la Iglesia Católica, que literalmente significa Iglesia Universal, está creciendo y tiene cerca de 1.3 billones de miembros a nivel mundial.

El cardenal Angelo Scola, de la prominente sede de Milán, Italia, un excelente comunicador y un teólogo superior, estuvo entre los papables favorecidos. También se habló mucho sobre el Cardenal Peter Turkson de África, el Presidente del Consejo Pontificio Justicia y paz. Los corredores de apuestas británicos impusieron sus apuestas al cardenal Tarsicio Bertone, el experimentado Secretario de Estado Vaticano y funcionario de más alto rango del Vaticano después del Papa, a pesar de su implicación con el estatus quo dentro de la Curia. El Cardenal Sean O'Malley de Boston y el cardenal Timothy Dolan de Nueva York estaban al tope de algunas listas. Sin embargo, incluso los cardenales estadounidenses señalaban que, independientemente de la calidad de un candidato estadounidense, un Papa de los Estados Unidos no podría ser ideal en la situación actual del mundo, puesto que podía percibirse en el extranjero como otro símbolo de la dominación mundial estadounidense.

El cardenal de 55 años Luis Tagle, de Manila, una figura joven y carismática, era la favorita entre algunos, sin embargo, su elección como Papa probablemente significaría un pontificado incluso más largo que el del Papa Juan Pablo II. El Cardenal Marc Ouellet de Canadá, prefecto de la Congregación para los Obispos y conocido por su selección de excelentes candidatos para el episcopado, también fue mencionado entre los papables. Si se busca un candidato de América Latina, estaba el cardenal Odilo Sherer de São Paulo, Brasil, pero como dice el refrán dice: "quien entra al cónclave como un 'papa' lo deja como un cardenal".

El Papa Benedicto XVI había dado un decreto de motu proprio permitiendo al Colegio Cardenalicio avanzar el comienzo del Cónclave, puesto que el Papa no había muerto y no se estaba llevando a cabo ningún funeral. Sin embargo, los cardenales fijaron una fecha relativamente más tardía ante la insistencia de los cardenales estadounidenses querían para permitir más tiempo para que todos los cardenales llegar a conocerse mejor. Esto le daría una mejor oportunidad de ser elegido a un candidato de fuera de la Curia romana. Los cardenales se reunieron el 12 de marzo del 2013, a concelebrar la misa para la elección del romano Pontífice en la Basílica de San Pedro. La última misa de este tipo fue presidida por el cardenal Ratzinger. Esta vez, el cardenal Angelo Sodano, decano del Colegio

Cardenalicio, predicó en la cualidad más importante que debe tener el próximo papa; un corazón como el de Cristo el pastor.

Los cardenales entonces procedieron a la Capilla Sixtina, con su famoso fresco del juicio final como un recordatorio y corearon Veni Creator Spiritus (Ven Espíritu creador), puesto que en última instancia es el Espíritu Santo quien les guía en la selección del próximo Pontífice romano. Luego cada uno de los cardenales electores hizo un juramento en latín al secreto y a obedecer las directrices establecidas para el cónclave. Una vez que este proceso estuvo completo, el cardenal Sodano pronunció las palabras tradicionales para indicar que todos, a excepción de los cardenales electores, debían abandonar el salón: "extra omnes" ("todos los demás"). Lentamente, caminó por el largo pasillo entre los cardenales para sellar las puertas. La única comunicación que los cardenales tendrían con el mundo exterior sería el color del humo que enviarían a través de la chimenea de la Capilla Sixtina - para, negro para indicar un voto menor a la mayoría de dos tercios para la elección del Pontífice romano y blanco para indicar una elección acertada.

El Cardenal Timothy Dolan explica en su reciente libro electrónico "Orando en Roma", lo que es ser un cardenal en un cónclave papal, "en el comienzo del Cónclave, tres "scrutatori," tres cardenales que están a cargo de los votos, son elegidos por sorteo. Se hace el conteo y se aseguran de que haya un número exacto de las papeletas. Ningún debate o conversación se lleva a cabo durante el cónclave. El tiempo que pasamos en la Capilla Sixtina es una ocasión para el silencio, la oración y la reflexión; es casi una liturgia, un retiro". Los papables no hacen campaña y no se les permite hacerla. Los cardenales tienen muchas oportunidad de discutir sobre cuestiones y candidatos durante las comidas. "Dentro de la Capilla Sixtina, hay oración intensa y profunda reflexión. Pero fuera de ella, cuando salíamos de la Sixtina y retornábamos para la hora de las comidas y para la noche a Sanctae Marthae, hubo muchas conversaciones muy franca y sinceras. Les preguntaría a mis hermanos cardenales, '¿Cómo es?' o ' Cuéntame sobre él. ¡Es correcta la percepción?'

Salió humo negro por la chimenea de la Capilla Sixtina cuatro veces en dos días. Una gaviota se paró en la estéril chimenea el miércoles por la tarde, aparentemente esperando con el resto del mundo el deseado humo blanco. Entonces, sólo después de las 7 de la noche del segundo día, el miércoles 13 de marzo, la chimenea lanzó finalmente hubo humo blanco mientras una eufórica y creciente multitud se vertía en la Plaza de San Pedro.

El papa Francisco Saluda al Mundo

La gran cruz procesional elevada desde el balcón anunció a la multitud el inminente saludo por el nuevo Papa, introducido primero por el cardenal Tauran como 'Francisco'. Jorge Bergoglio, quien salió desde atrás de la Logia, atrás de la cruz, no era quien ellos habían estado esperando, y tampoco lo fueron sus acciones. Estaba vestido con una simple sotana blanca y un Solideo blanco, sin la hermosa y elaborada estola con cabo rojo usada por sus predecesores en su primer discurso. Casi parecía que no sabía qué hacer con los sostenidos vítores que le aclamaban. Dio un modesto saludo y luego se paró inmóvil mientras miraba hacia fuera, sorprendido, a la iluminada la Plaza San Pedro y a la multitud que se había reunido después del anochecer para este propósito.

Finalmente se dirigió a la multitud: "Hermanos y hermanas, ¡buenas noches! Saben que era el deber del Cónclave elegir un obispo para Roma. Parece que mis hermanos cardenales han ido a los extremos de la tierra para conseguir uno... pero aquí estamos... Gracias por su bienvenida. La comunidad diocesana de Roma tiene ahora su obispo. ¡Gracias!" Los fieles argentinos seguramente entenderían la referencia a su patria como el 'Fin del Mundo,' una franja de tierra que se extiende más 2.300 km desde la frontera montañosa con Bolivia hacia el sur a la Tierra del Fuego, separada de la Antártida por el pasaje de Drake.

El título que escogió para él el Papa Francisco entonces y posteriormente fue 'Obispo'. Un 'Papa', que significa 'padre', es padre de la Iglesia universal y tiene jurisdicción sobre la iglesia porque él es el sucesor del apóstol Pedro. Cristo le dio las llaves del reino a Pedro en Mateo 16:18: "tú eres Pedro [que significa roca], y sobre esta roca edificaré mi iglesia..." La Providencia quiso que Pedro se convirtiera en jefe de la iglesia local en Roma, la capital del imperio que envolvió al mar Mediterráneo y las tierras que lo rodeaban: el Occidente civilizado.

Hay dos razones por las que el Papa Francisco prefiere referirse a sí mismo como un obispo. En primer lugar, siempre ha queriendo promover lo que él llama una "cultura del encuentro" por la cercanía a la gente, ve su relación como obispo de la comunidad diocesana de Roma como un modelo de la relación que debe tener lugar entre el clero y sus congregaciones en el mundo. Mientras que un Papa es un líder mundial, gobernando a millones de personas que no conoce en persona, un obispo llega a conocer a mucha gente en su diócesis y la gente tiene la oportunidad de conocerlo, e incluso a menudo hasta a desarrollar una relación con él. Como Papa, la relación de Francisco con los fieles de Roma es un ejemplo importante para el clero, para ser pastores que, como él dice, deben "vivir con el olor de sus ovejas " y líderes que fomentan la comunión espiritual y la fraternidad de la iglesia local.

Las palabras del Papa Francisco son una reminiscencia de las palabras que se dicen en la misa, "recuerda, Señor, a tu iglesia, extendida por todo el mundo y llevarla a la plenitud de la caridad, junto con [Francisco] nuestro Papa y [N.] nuestro Obispo y todo el clero"(de la Oración Eucarística II, traducida por ICEL). Francisco, obispo de Roma, continúa en su primer discurso, "y ahora, tomamos este viaje: Obispo y Personas. Este camino de la iglesia de Roma, que preside en la caridad sobre todas las iglesias. Un viaje de fraternidad, de amor, de confianza entre nosotros".

La segunda razón para preferir ser llamado un obispo es ecuménica. El Papa Francisco, como un ordinario para los Católicos de ritos del Oriente de Argentina que estaban en comunión con Roma, también tiene que conectarse con aquellos Cristianos del Oriente, que fueron separados de Roma en el 1054, la época de la primera gran división en el Cristianismo. La división ocurrió sobre una crisis que fue manejada de una manera poco caritativa y terminó mutuas excomulgaciones entre los obispos. Mientras que los católicos y cristianos orientales comparten mucho de sus creencias, una gran diferencia es la creencia oriental en la colegialidad de los obispos de tal manera que el apóstol Pedro fue el primero entre iguales.

En contraste, los católicos creen en la primacía del Papa con la jurisdicción universal. El Vaticano II, sin embargo, afirmó que la colegialidad de los obispos y la primacía del Papa son compatibles, cuando son entendidas correctamente. El Padre Spadaro recuerda en su entrevista con el Papa, "Papa Francisco habló 'sobre el camino de la colegialidad' como el camino que puede conducir a la iglesia ' a crecer en armonía con el servicio de primacía '. Entonces pregunto: ' ¿Cómo podemos reconciliar en armonía el primado petrino y la colegialidad? ¿Qué caminos son factibles desde una perspectiva ecuménica?'" El Papa respondió: "debemos caminar juntos: la gente, los obispos y el Papa. Sinodalidad [el encuentro de los obispos para trabajar por los asuntos de la iglesia] debe vivirse en diferentes niveles." Los cristianos del oriente estaban escuchando; Bartolomé, Patriarca Ecuménico de Constantinopla, eligió asistir a la Misa inaugural Papa Francisco el 19 de marzo de 2013, representando la primera de su línea en hacerlo. En contraste, los católicos creen en la primacía del Papa con la jurisdicción universal. Vaticano II, sin embargo, afirmó que la colegialidad de los obispos y la primacía del Papa son compatibles, cuando entendida correctamente. Padre Spadaro, recuerda en su entrevista con el Papa, "Papa Francisco habló 'el camino de la colegialidad' como el camino que puede conducir a la iglesia ' creciendo en armonía con el servicio de primacía '. Para preguntar: ' ¿Cómo podemos reconciliar en armonía primado petrino y colegialidad? ¿Qué caminos son factibles también desde una perspectiva ecuménica?'" El Papa respondió: "debemos caminar juntos: la gente, los obispos y el Papa. Sinodalidad [el encuentro de los obispos a trabajar iglesia importa] debe vivirse en diferentes niveles." Los cristianos del este estaban escuchando; Bartolomé, Patriarca Ecuménico de Constantinopla, eligió asistir a la Misa inaugural del Papa Francisco el 19 de marzo del 2013, representando al primero de su línea en hacerlo.

Dos veces durante su primer discurso, el obispo de Roma le pidió al pueblo que orara. Primero, los guio por las tres oraciones más básicas y universales memorizadas por los fieles desde niños, Padre Nuestro, Avemaría y Gloria, para "nuestro obispo emérito, Benedicto XVI." A continuación, les dijo: " Oremos por los otros. Oremos por el mundo entero, para que pueda haber un gran espíritu de fraternidad. Es mi esperanza que este camino de la iglesia, que hoy comenzamos.... será fructífero para la evangelización de esta preciosa ciudad. " Antes de impartir su primera bendición apostólica, una expectativa de todos los papas nuevos, él se inclinó y pidió a la gente que rezara por él, haciendo hincapié en el papel de los laicos dentro de la iglesia al caminar junto a sus pastores. "Y ahora me gustaría dar la bendición, pero primero les pido un favor: antes de que el obispo bendiga a su pueblo, les pido que oren al Señor que me bendiga: la oración de la gente pidiendo la bendición para su Obispo. Hagamos silencio, esta oración: su oración para mí". Luego, después de la silenciosa oración de los presentes, brevemente vistió la estola papal mientras daba su bendición Apostólica, retirándosela rápidamente.

Después de la bendición, se despidió con estas palabras: "hermanos y hermanas, os dejo ahora. Gracias por su bienvenida. Oren por mí y hasta que nos volvamos a ver. Pronto nos veremos unos a otros. Mañana me gustaría ir a rezarle a Nuestra Señora, que vele sobre toda Roma. Buenas noches y ¡duerman bien!" No pasaría mucho antes de que la gente viera al 'obispo' otra vez.

'El Obispo y la Gente'

El Cardenal Dolan recuerda, en "Orando en Roma", lo que pasó esa tarde después del primer discurso del Papa. "Después de su aparición en el balcón, debíamos todos regresar a la Domus Sanctae Marthae para cenar. Nos amontonamos en uno de varios autobuses que estaban esperándonos, mientras que al nuevo Santo Padre le esperaba un sedán, con su escolta de seguridad adecuada, listo para llevarle de regreso a la Domus. Cuando bajamos del autobús, mis cardenales hermanos y yo esperamos que el Santo Padre llegara. Cuando el último autobús se detuvo, ¿adivina quién salió de? ¡El Papa Francisco! Supongo que le dijo a su chofer: "está bien, iré con los chicos, como lo he estado haciendo hasta ahora.'" Los cardenales verían al Papa Francisco en la cena. El Cardenal Dolan, recuerda, "esa noche teníamos, como se puede imaginar, una cena más bien festiva. En su conclusión, el cardenal Tarcisio Bertone, el Secretario de Estado, había brindado por el nuevo Santo Padre. El Papa Francisco se paró para responder. ¿Cuál fue su brindis para los cardenales que apenas lo habían elegido como el sucesor de San Pedro? "Que Dios los perdone por lo que han hecho" lo que hizo retumbar el salón.

El Papa Francisco se retiró luego a la habitación 207 en la Domus Sanctae Marthae, tal como lo había hecho durante el resto del cónclave. Varios días después, seguía viviendo en esa habitación que le había sido asignada a él durante el cónclave. Entonces el 26 de marzo, el padre Lombardi hizo el anuncio de que la habitación 201 de la Domus sería el nuevo hogar del Papa Francisco, en lugar del gran apartamento papal. La decisión del Santo Padre de permanecer allí fue el resultado de la inspiración jesuita del discernimiento y la vida comunal, y sus temas habituales sobre la cercanía a la gente.

El Papa Francisco le dijo al Padre Spadaro, refiriéndose a la vida comunal de los jesuitas, "siempre estuve buscando una comunidad. No me veía a mí mismo como sacerdote estando solo. Necesito una comunidad. Y puede decirse esto por el hecho de que estoy aquí en Santa Marta. En el momento del Cónclave vivía en la sala 207. Esta habitación donde estamos ahora era un cuarto de huéspedes. Elegí vivir aquí, en la sala 201, porque cuando tomé posesión del apartamento papal, en mi interior escuché claramente que un 'no.' El apartamento papal en el Palacio Apostólico no es lujoso. Es viejo, está muy bien decorado y es grande, pero no lujoso. Pero al final es como un embudo invertido. Es grande y espacioso, pero la entrada es muy apretada. La gente puede venir sólo a cuentagotas, y no puedo vivir sin la gente. Tengo que vivir mi vida con los demás".

La Domus Sanctae Marthae (casa de St. Martha) fue construida en 1996 por el Papa Juan Pablo II, para albergar a los cardenales reunidos en un cónclave para elegir al papa. Cuando no hay ningún cónclave, el sencillo complejo de edificios modernos se utiliza como una casa de huéspedes para los que vienen a tratar asuntos de la iglesia en el Vaticano. El Padre Spadaro describe el cuarto del Papa Francisco al que fue invitado para la entrevista, "La decoración es sencilla y austera. El espacio ocupado por el escritorio es pequeño. Estoy impresionado no sólo por la sencillez de los muebles, sino también por los objetos en la habitación. Hay sólo unos pocos. Estos incluyen un icono de San Francisco, una estatua de Nuestra Señora de Luján, patrona de la Argentina, un crucifijo y una estatua de San José durmiendo, muy similar a la que había visto en su oficina en el Colegio Máximo de San Miguel, donde fue rector y también superior provincial".

Es en esta sala que el papa Francisco se levanta cada día a las 4:45 Según Andrea Tornielli, en el Vatican Insider, "Las primeras horas del día de Francisco están dedicadas a la oración y a la meditación sobre las Lecturas en las que comenta el Papa, en las breves homilías que da en las Misas de la mañana en la capilla del lugar que le gusta llamar el 'internado', comúnmente conocido como la casa de Santa Martha: un simple y moderno edificio decorado con mármol claro y vidrieras. El Obispo de

Roma se sienta en las bancas en la parte posterior de la capilla para rezar. Estas espontáneas pero no totalmente improvisadas predicas matutinas son unos de los cambios más importantes del nuevo pontificado... El Papa es ayudado por cardenales, obispos o sacerdotes visitantes y las masas son atendidas principalmente por personal del Vaticano – desde el personal IOR hasta los colectores de basura – y sus familias. Francisco saluda a todos uno por uno y luego desayuna en la 'sala común. "de la Casa de Santa Marta.

La oración es esencial para el Papa Francisco. En el Cap. 4 de conversaciones con Jorge Bergoglio, dijo "en mi opinión, la oración debe ser una experiencia de darse, de rendirse, donde todo nuestro ser entra en la presencia de Dios. Es donde ocurre un diálogo, la escucha, la transformación. Mira hacia Dios, pero sobretodo siéntete visto por Dios". El Rosario y la Adoración ante el Santísimo Sacramento siguen siendo algunas de las formas favoritas del Papa Francisco de hacer oración, además, por supuesto, de celebrar la Misa.

El Cardenal Bergoglio estaba acostumbrado a usar zapatos viejos y desgastados, pero justo antes de ir a Roma, sus amigos le dieron un par de zapatos negros nuevos para asegurarse de que estuviera apropiadamente vestido para el cónclave. Después de todo, el Cardenal Bergoglio era el tipo de sacerdote que incluso después de haber sido nombrado cardenal, se había negado a ordenar nuevas ropas, eligiendo en su lugar hacerle alteraciones a las desgastadas prendas dejadas por su predecesor. Así que cuando fue llamado al papado, Matthew Bunson nos dice en el Cap. 8 del Papa Francisco, que Papa Francisco se había negado a usar los zapatos rojos papales, prefiriendo los negros le habían dado sus amigos de la Argentina. También se negó a usar la cruz de oro joyas típicamente usada por el Papa, decidiendo mantener la Cruz pectoral metálica que había usado como obispo y que había sido diseñada tomando como modelo la imagen de Jesús de su pintura favorita; la Crucifixión blanca de Marc Chagall. En consonancia con su sencillez, incluso le pidió a su chofer en la mañana del 14 de marzo, que pasara por el hotel donde se había quedado antes del Cónclave para poder pagar su cuenta personalmente. También hizo una llamada a Argentina para cancelar su suscripción al periódico de Buenos Aires, porque ya no la iba a necesitar.

La primera homilía del Papa Francisco como Papa era ampliamente esperada. La Missa Pro Ecclesia (Misa para la Iglesia) en la capilla de Sixtina. Mientras que esta prédica es típicamente una muy laboriosa, el Papa Francisco, teniendo presente que no solo los cardenales eran los únicos presentes y que el rebaño de la iglesia en todo el mundo también estarían escuchando, mantuvo su tono y estilo simple y pastoral como lo haría en todas sus homilías papales. Se centró en un tema simple de las lecturas, en este caso 'el movimiento', que se refiere a la vida. Era su práctica enumerar una lista corta de los aspectos sobre ese tema, revisando los puntos nuevamente al final.

También se abstuvo de utilizar terminología teológica que no pudiera ser entendida por la gente. En cambio, se le ha empezado a conocer por usar sus propias frases y metáforas recién acuñadas. Andrea Tornielli observa, en el "Vatican Insider", sobre las homilías del Papa en las mañanas, "todas las mañanas Francisco aparece con ilustraciones nuevas y eficaces para sus mensajes, como la iglesia niñera, el concepto del 'Spray de Dios', no tratar las confesiones como una 'tintorería', cristianos de salón', ' cristianos pieza de Museo y ' cristianos almidonados'. Luego están sus referencias a 'las oraciones de cortesía', 'el bálsamo de la memoria', 'progresismo adolescente' y las 'costumbres pastorales' que en vez de fomentar la fe del pueblo, la complican. Pero lo más llamativo de Francisco es la simplicidad de sus palabras. Particularmente aquellas sobre ternura y perdón: ' el mensaje de Jesús es misericordia. Para mí, lo digo con humildad, es el mensaje más poderoso del Señor.' Este mensaje ha alentado a la gente a través del mundo a regresar a la Iglesia y a confesarse después de años de separación."

Con la Semana Santa cerca, el nuevo Santo Padre hizo arreglos especiales para la Misa de Jueves Santo. Mientras que normalmente se celebran la misa papal de Jueves Santo y su rito del lavamiento de pies en la Basílica de San Juan de Letrán, la Catedral de Roma, el Papa Francisco optó por destacar la opción preferencial de la iglesia para los pobres, celebrándola en su lugar en la prisión de la juventud de Casal del Marmol, a las afueras de Roma, como había hecho anteriormente como cardenal en Buenos Aires. En su última cena, Jesús había lavado los pies de sus discípulos, diciendo, "¿te das cuenta lo que he hecho por ti? Me llamaste 'maestro' y 'maestro' y con razón, porque lo soy. Si yo, el maestro y profesor, he lavado vuestros pies, vosotros debéis lavaros los pies unos a otros "(Juan 13:12-14).

Transmitiendo el mensaje de que Jesús y su Iglesia han venido a servir a todas las personas y especialmente a los pobres, el Papa Francisco lavó y besó los pies de doce jóvenes que fueron encarcelados. Lo hizo sin distinción sobre quién eran y decidió también incluir a dos mujeres jóvenes y dos musulmanes en el rito del lavamiento de pies. Los titulares de las noticias sobre las acciones del Papa dan la vuelta alrededor del mundo, ya que las mujeres y los no-cristianos nunca habían sido incluidos antes en un rito del lavamiento de pies en un Jueves Santo por un Papa. El Padre Lombardi tuvo que explicar que el Santo Padre no está estrictamente obligado por la normativa litúrgica que incluye sólo a los hombres en el rito. Los medios de comunicación sólo tenían cosas buenas que decir acerca de este nuevo Papa, olvidando, al menos por un momento, su letanía de críticas a la iglesia católica.

El Papa Francisco y San Francisco

El 16 de marzo, el nuevo santo padre se reunió con 5.000 periodistas en la moderna Sala de Audiencias Pablo VI en el Vaticano. Les saludó calurosamente, alabó su profesión y les llamó a que comunicaran bondad, verdad y belleza. Fue una reunión importante, y les ganó con su encanto, humor y autenticidad. También compartió por qué eligió su nombre:

"Algunas personas querían saber por qué el obispo de Roma deseaba ser llamado Francisco. Algunos pensaban que era por Francisco Javier, Francisco De Sales y también San Francisco de Asís. Les contaré la historia. Durante la elección, estaba sentado al lado del arzobispo emérito de São Paolo y prefecto emérito de la Congregación para el Clero, el Cardenal Claudio Hummes [OFM]: un buen amigo, ¡un buen amigo! Cuando las cosas se estaban poniendo peligrosas [indicando que sería probable que Bergoglio fuera elegido Papa], él me animó. Y cuando los votos llegaron a los dos tercios, hubo los aplausos de siempre, porque el Papa había sido elegido. Y él me dio un abrazo y un beso y dijo: "¡No te olvides los pobres!" Y esas palabras vinieron a mí: los pobres, los pobres. Entonces, esas palabras vinieron a mí: los pobres, los pobres, y de inmediato, pensé en San Francisco de Asís.

"Entonces pensé en todas las guerras, mientras los votos aún estaban siendo contados, hasta el final. Francisco también es el hombre de la paz. Así es como el nombre surgió en mi corazón: San Francisco de Asís. Para mí, es el hombre de la pobreza, el hombre de la paz, el hombre que ama y protege la creación; estos días no tenemos una relación muy buena con la creación, ¿verdad? Es el hombre que nos da este espíritu de paz, el hombre pobre... ¡Cómo me gustaría una iglesia que fuera pobre y para los pobres!"

Mientras que a primera vista puede parecer extraño para un Jesuita elegir a San Francisco como su patrón, al considerar la vida del Papa Francisco y la de San Francisco, la conexión se hace clara. San Francisco nació en 1181 en Asís, en la región de Umbría en Italia central, en la familia de un rico comerciante de seda. Cuando joven, disfrutaba de las fiestas y deseaba fama y gloria. Fue a la guerra pero enfermó gravemente y recibió una visión en la cual Cristo habló con él desde el crucifijo diciéndole que le ayudara a reconstruir su iglesia. Esto creó un gran cambio en Francisco, quien tomó literalmente las palabras y comenzó a reconstruir la capilla en la cual él oraba pero había caído en la ruina. Durante este tiempo, él también creció más de cerca al señor. Su padre estaba enojado con Francisco porque había abandonado su ruta de éxito mundano y había regalado la ropa del negocio de su padre a los pobres. A su vez, Francisco le devolvió todo lo que tenía a su padre, incluso la ropa que traía puesta.

Un sermón sobre el Evangelio profundizó más aún la comprensión del Santo sobre su vocación y su dirección. En el pasaje del Evangelio, Jesús instruyó a sus discípulos que fueran a difundir la Buena Noticia, "no tomen oro o plata o cobre para cinturones; ningún saco para el viaje, o una segunda túnica, sandalias o bastón"(Mateo 10:9-10). Francisco también leyó este pasaje literalmente, lo que le condujo a la completa dependencia de Dios mientras predicaba, eligiendo a la "dama de la pobreza" para él mismo, dándole limosna a los pobres y rogando cada día para poder satisfacer todas sus necesidades. La autenticidad de Francisco atrajo muchos seguidores a su modo de vida. Francisco solicitó al Papa que le otorgara su bendición a la nueva orden religiosa, los frailes menores (hermanos menores), y el Papa Inocente III se sintió conmovido por un sueño que tuvo de Francisco y acordó a darle la bendición.

Una vez, San Francisco se encontró con un leproso que mendigaba. Al principio se sintió repelido por el leproso, pero Francisco venció su miedo, abrazó al leproso y le dio una limosna, al darse cuenta que el amor y la aceptación era lo que el hombre más necesitaba. Algunas de las historias del Santo y sus muchos milagros reflejan su cercanía y su preocupación por los animales y otras criaturas como reflejos de Dios y como hermanos y hermanas, criaturas del mismo Dios. Francis también estaba decidido a tomar medidas con respecto a las sangrientas cruzadas. Se reunió con el sultán para convertirlo y ganar la paz, o encarar un probable martirio. La autenticidad de Francisco se ganó el respeto del sultán, aunque no se convirtió al cristianismo ni puso fin a la guerra. En sus últimos días, a Francisco, que había conformado su vida tan estrechamente a la de Cristo y cuyos milagros incluso hacían eco a los de su maestro, le fue dada la gracia de los estigmas, las heridas de la crucifixión de Cristo en sus manos y pies. San Francisco murió en 1226, desnudo en el suelo ya que deseaba dejar el mundo de la misma forma en la que había llegado a él, en absoluta pobreza y dependencia de Dios.

El 4 de octubre del 2013, el Papa Francisco visitó la pintoresca ciudad de Asís, para celebrar el memorial de San Francisco con una misa en el patio de la hermosa Basílica de San Francisco. Allí, explicó la paz franciscana: "la paz Franciscana no es algo que contiene sacarina. ¡Difícilmente! Ese no es el verdadero San Francisco". Mientras que la paz franciscana es un antídoto a la violencia y a las guerras injustas, su dominio está dentro del corazón y se exuda hacia fuera. Es la paz que Francisco tuvo cuando arriesgó su vida al abrazar al leproso y al hablar con el sultán. El Papa Francisco continuó, "ni es una especie de armonía panteísta con las fuerzas del cosmos... Eso tampoco es franciscano; ¡es una noción que algunas personas han inventado!" No somos uno con el mundo, pero somos todos seres del mismo Dios. El papa continuó identificando la verdadera paz Franciscana: "la paz de San Francisco es la paz de Cristo, y la encuentran aquellos que 'toman' su 'yugo', es decir, el mandamiento de Cristo: Amaos como yo os he amado." El amor de Cristo es un comando fuerte, amar hasta que duela, aún en la cara del diablo. El Padre Santo explicó luego la conexión de la paz Franciscana con la humildad; "Este yugo no puede llevarse con arrogancia, presunción u orgullo, sino con humildad del corazón".

El 21 de agosto de 2013, el régimen sirio mató a cientos de civiles en un ataque con armas químicas durante la guerra civil en curso. Las fotos de los muertos pronto inundaron el Internet y conmocionaron al mundo. El brutal régimen había estado en guerra durante algún tiempo con los rebeldes que igualmente despreciaban los derechos civiles. Para septiembre, los Estados Unidos y sus aliados estaban haciendo preparativos para atacar a Siria, para ayudar a los rebeldes. El Papa Francisco se pronunció fuertemente por la paz. El santo padre escribió el 2 de septiembre, "¡La guerra nunca más! ¡Nunca más la guerra! ¡Nunca más la guerra!" llamó a todas las personas de buena voluntad a unirse al 7 de septiembre para un día de oración y ayuno por la paz y convocó y organizó una vigilia de oración televisada desde el Vaticano. En una serie de mensajes continuos sobre la paz, él twitteó el 7 de octubre, "la única guerra que todos debemos combatir es la guerra contra el mal". El Papa Francisco denunció enérgicamente el uso de armas químicas y también denunció la innecesaria intervención de terceros que podrían empeorar las cosas. Animó a todas las partes al diálogo y a ver más allá de sus propios intereses. Y se le dio una oportunidad al diálogo en Siria. El 7 de octubre, tanto Estados Unidos como Rusia, un aliado estratégico de Siria, expresaron un cauteloso optimismo sobre los procedimientos de destrucción de la pila de armas químicas, y el régimen había accedido. Sin embargo, la guerra civil continúa y la situación internacional permanece tensa.

Misericordia: Una llave para Entender al Papa Francisco

Al seleccionar un escudo de armas papal, el Papa Francisco conservó el escudo de armas de sus días como obispo, colocándolo delante de los símbolos tradicionales del papado. El Papa Benedicto XVI había reemplazado la tiara de tres capas en la cima el escudo papal con la simple Mitra del obispo de Roma. Las tres franjas horizontales de oro representan la autoridad otorgada a Pedro estirándose hacia el cielo, la tierra y debajo de la tierra. Las dos llaves de San Pedro están cruzadas detrás de él, Unidas por un cordón rojo. El Papa Francisco conservó estos símbolos tradicionales. Para su escudo de armas, el Papa Francisco conservó su propio escudo azul anterior. Los Símbolos de la Sociedad de Jesús se colocan en el centro; un sol de oro con 32 rayos con el monograma IHS en el centro rematado con una cruz tres clavos atravesados por debajo de ella. IHS significa Jesús Hominem Salvator (Jesús, Salvador de los hombres). Por debajo y a cada lado, el Papa Francisco coloca sus propios símbolos elegidos. En la parte inferior izquierda hay una estrella dorada de ocho picos, representando a la Madre Bendita. De hecho, el Papa Francisco dedicó su pontificado a Nuestra Señora de Fátima el 13 de mayo, ante de dedicarle el mundo entero el 13 de octubre. A la derecha hay un manojo de nardos, un símbolo popular en América Latina asociado con San José.

Durante el Concilio Vaticano II, el Papa Juan XXIII había agregado a San José, casto esposo de la Virgen María y patrono de la Iglesia universal, al Canon Romano de la Misa. El 01 de mayo del 2013, el Papa Francisco agregó a San José a todas las otras opciones para la plegaria eucarística asegurándose de que su modelo de paternidad, castidad, humildad y servicio se incluyeran en las oraciones de cada Misa en todo el mundo. El Papa Francisco escogió el 19 de marzo, la fiesta de San José, como la fecha para su Misa inaugural.

Abajo del escudo de armas hay un pergamino que lleva su lema, miserando atque eligendo (viendo a través de los ojos de la misericordia, lo eligió). Si hay una palabra para encapsular el pontificado Francisco, es 'misericordia'. En su primer Angelus en la Plaza de San Pedro el 17 de marzo, el papa Francis dijo a la multitud, "nunca olviden esto: el señor no se cansa de perdonarnos. Somos nosotros los que nos cansamos de pedir perdón". Ofrecer la misericordia de Dios es la respuesta del Papa Francisco a los problemas y males del mundo y a las personas que se enredan en ellos. El Papa Juan XXIII en su discurso de apertura el 11 de octubre de 1962, en el Concilio Vaticano II - la reunión de los obispos del mundo que se reunió de 1962 al 1965, tocando pastoralmente casi todos los aspectos de la vida de la iglesia - exhortó a los obispos, "hoy en día... la Esposa de Cristo prefiere hacer uso de la medicina de misericordia en lugar de la de seriedad. Ella considera que conoce las necesidades de la actualidad demostrando la validez de su enseñanza en vez de la condenación"...

En la misma medida que la paz franciscana es a menudo malinterpretada como falsa, la misericordia con demasiada frecuencia se somete a un malentendido similar. La misericordia no es ingenuidad de maldad que asume que "Estoy bien, tú estás bien". La misericordia no debe confundirse con el relativismo moral. Por el contrario, la misericordia es la voz que nos dice que "odia el pecado pero ama al pecador". Entiende que el pecado es algo que carcome a la persona, pero alienta a la persona que peca para ser tratada como una persona y con amor. Fue con la misericordia que Jesús les dijo a las mujeres salvándolas de aquellos que deseaban apedrearlas por su adulterio, "Id, [y] de ahora en adelante no pequen más" (John 8:11).

El Papa Francisco nos recuerda constantemente en sus homilías que tengamos misericordia de otros absteniéndonos de chismes. En una homilía al personal del Vaticano el 13 de septiembre en Sanctae Marthae, predicó, "el señor no gasta muchas palabras en este concepto. Más sobre [en el Evangelio] dice que el que tiene odio en su corazón hacia su hermano es un asesino." No hay lugar para el chisme en la vida de un cristiano, y surge de juzgar a los demás. Los chismes y los juicios destruyen la solidaridad y rompen la cultura de cooperación. En lugar de chismes, el Papa Francisco insta a la gente, "¡Ve a rezar por él! ¡Ve y haz penitencia por ella! Y luego, si es necesario, habla con esa persona que puede ser capaz de buscar la solución para el problema. ¡Pero no con todo el mundo!" los chismes también fueron un tema de especial interés en las homilías de Bergoglio cuando era cardenal.

El tema de la misericordia surgió en la entrevista al Papa Francisco con el Padre Spadaro. El santo padre dijo: "una persona una vez me preguntó, de una manera provocativa, si apruebo la homosexualidad. Le respondí con otra pregunta: 'Dime: cuando Dios mira a una persona gay, ¿avala la existencia de esta persona con amor, o la rechaza y la condena?' Siempre debemos pensar en la persona. Aquí entramos en el misterio del ser humano. En la vida, Dios acompaña a las personas, y nosotros debemos acompañarlos, a partir de su situación. Es necesario acompañarlos con misericordia". Aquí su respuesta se centra no en la cuestión de la homosexualidad, sino de la misericordia. El Papa Francisco siempre ha dicho que sigue las enseñanzas del Catecismo de la iglesia católica en todas las cosas. Los Estados de

Catecismo en el apartado 2357 dicen "la tradición siempre ha declarado que 'los actos homosexuales son intrínsecamente desordenados.' Son contrarias a la ley natural. Cierran el acto sexual al don de la vida. No proceden de un afecto genuino y un complemento sexual. No pueden ser aprobadas bajo ninguna circunstancia".

El Catecismo continúa en el apartado 2358 con respecto a las personas homosexuales, "esta inclinación, que es objetivamente desordenada, constituye para la mayoría de ellos una prueba. Deben ser aceptados con respeto, compasión y sensibilidad. Debe evitarse todo signo de discriminación injusta a su respecto. Estas personas están llamadas a cumplir la voluntad de Dios en sus vidas y, si son cristianos, unir al sacrificio de la Cruz del Señor las dificultades que puedan encontrar en su condición. Lo qué dice el Papa Francisco no es nuevo; es una aplicación pastoral de las enseñanzas del Catecismo con énfasis en la misericordia y la persona.

Los periodistas se acercaron al Papa Francisco en su vuelo de regreso del Día Mundial de la Juventud en Río de Janeiro y le preguntaron sobre los rumores de los sacerdotes homosexuales dentro del Vaticano. Como de costumbre, su respuesta fue desarmadora, refiriéndose a la persona, y se convirtió en titulares, ya que su respuesta fue muy inusual para un Papa. "Si alguien es gay y busca al señor y tiene buena voluntad, ¿quién soy yo para juzgar?" Era la primera vez que un papa usado la palabra 'gay' para referirse a una persona con atracción por el mismo sexo, y probablemente lo hizo porque así es como se refieren a sí mismos. Todos tenemos deseos trastornados y es por ello que pecamos. El Papa transmitir un mensaje fuerte: ¿Quiénes somos nosotros, el pueblo, para juzgar si una persona se siente tentada de manera diferente? Los sacerdotes están llamados al celibato, y un sacerdote que siente atracción por el mismo sexo está llamado al celibato como un sacerdote que se siente atraído por el sexo opuesto.

En la actualidad, los candidatos para el sacerdocio sólo pueden tener atracción por el sexo opuesto si van a ser ordenados. Si el Papa Francisco hace un cambio aún está por verse, pero lo que está claro es que el Papa Francisco ve la homosexualidad como una tentación a la persona. Alguien que es católico y homosexual y verdaderamente "busca el señor" encontrará que él o ella no deben actuar sobre esas tentaciones, al igual que un heterosexual católico que no esté en un matrimonio de la iglesia no debe actuar sobre las tentaciones en relación con el sexo opuesto.

El Papa Francisco siempre intenta mirar primero a la persona. En su entrevista con Eugenio Scalfari de La Repubblica, un ateo, el periodista bromeó que sus amigos le habían dicho que el Papa sólo había aceptado la entrevista para convertirlo. El Papa Francisco respondió, "El proselitismo es un solemne disparate, no tiene sentido. Tenemos que llegar a conocernos, escucharnos y mejorar nuestro conocimiento del mundo que nos rodea". Durante la entrevista, el Santo Padre no dejó de compartir el mensaje de Jesús e incluso le preguntó al periodista penetrantes preguntas que le llevaran a reconocer la verdad. Eso es la evangelización. Mientras que más tarde se observó que Scalfari no tomó notas ni grabó la entrevista y por lo tanto podría no haber recordado la redacción entre la diferencia de que el Papa Francisco destacó entre el proselitismo y la evangelización correctamente, es que el proselitismo es una predicación que no considera a la persona, mientras que la verdadera evangelización es la participación personalizada del mensaje del Evangelio hecha con amor.

El Papa Francisco aplica el principio de la misericordia a los ateos como lo hizo cuando era cardenal. Su acercamiento a los ateos es uno de respeto y de brazos abiertos. En una de las homilías matinales espontáneas del Santo Padre en la Domus Sanctae Marthae, destinadas al personal del Vaticano y sus familias, apareció en los titulares, "el Señor nos ha redimido a todos nosotros con la sangre de Cristo, ¡a todos nosotros!,: no sólo a los católicos. ¡A todo el mundo! 'Padre, ¿los ateos?' Incluso los ateos. ¡A todo el mundo! Y esta sangre nos hace hijos de Dios de primera clase. Fuimos creados a semejanza de Dios y la sangre de Cristo nos ha redimido. Y todos tenemos el deber de hacer el bien."

Es la doctrina católica que la misericordia de Dios se extiende a todas las personas y no sólo a los católicos. Según el Concilio Vaticano II, "[la iglesia de Cristo] constituida y organizada en el mundo como una sociedad, subsiste en la iglesia católica... aunque muchos elementos de santificación y de verdad se encuentran fuera de su estructura visible. Estos elementos, como regalos pertenecientes a la iglesia de Cristo, son fuerzas que impulsan hacia la unidad católica"(Lumen Gentium). Podría hacerse una distinción entre la redención, que se ofrece a todos, y la salvación, que no puede ser recibida por todos debido a la falta de respuesta a la redención de Cristo. Aquellos que están fuera de los límites de la iglesia católica pueden salvarse, pero como la congregación para la doctrina de la fe bajo el cardenal Ratzinger (el futuro Papa Benedicto XVI) aclaró en un documento llamado a 'Dominus Jesus', es probablemente más difícil porque los elementos completos hacia la salvación se encuentran en la iglesia católica.

Aun así, todos somos hijos del mismo Dios, creamos en él o no. Tenemos mucho que compartir. Todas las personas de buena voluntad comparten en común el Dios de bondad, la verdad y la belleza. El Papa Francisco continúa, "y este mandamiento para que todo el mundo haga el bien, creo que es una preciosa senda hacia la paz. Si nosotros, cada uno hacemos nuestra parte, si hacemos bien a los demás, si nos encontramos allí, haciendo el bien, y vamos despacio, gentilmente, poco a poco, haremos esa cultura del encuentro: necesitamos mucho esto. Tenemos que vernos uno al otro haciendo el bien. "Pero yo no creo, padre, ¡soy un ateo!" Pero haz el bien: nos encontraremos allí. ""

En su primera reunión con los periodistas el 16 de marzo, modeló un respeto para aquellos de otras religiones: "le dije que estaba impartiendo cordialmente mi bendición. Puesto que muchos de ustedes no son miembros de la iglesia católica, y otros no son creyentes, cordialmente te doy la bendición en silencio, a cada uno de ustedes, respetando la conciencia de cada uno, pero en el conocimiento que cada uno de ustedes es un hijo de Dios. ¡Dios te bendiga!"

Reforma de la Iglesia

Mientras el Papa Francisco siempre ha sido un fuerte defensor y practicante sincero de la justicia social, ha declarado en numerosas ocasiones que la iglesia de Cristo no debe ser comparada con una ONG (organización no gubernamental), como la Cruz Roja, UNICEF o el United Way. Mientras que muchas ONG realizan buenas acciones, si la iglesia actuara como otra ONG, sería una lástima porque ese no es su llamado ni la razón de su existencia. La iglesia está llamada a ser la novia de Cristo. Como resultado, la Iglesia place a Cristo sirviendo a los pobres. Asimismo, el Papa Francisco mantiene su distancia del clericalismo, en la que el clero asume privilegio a expensas de los laicos y carece de un espíritu de servicio. El santo padre dice sobre su reunión al clérigo, "de repente me torno anticlerical". Es un firme creyente en el énfasis del El Concilio Vaticano II que enseña a la iglesia como todo el pueblo de Dios, servido por sus dirigentes en la jerarquía clerical. Por lo tanto Papa Francisco dijo que a sus sacerdotes el Jueves Santo que deben ser "pastores que viven con el olor de sus ovejas". Y en su encuentro con los periodistas el 16 de marzo dijo, "¡Cómo me gustaría una iglesia que fuera pobre y para los pobres!"

El Concilio Vaticano II enseña que la iglesia es Santa porque Cristo, la cabeza, es santo. Lo que la gente ve de la iglesia institucional es a menudo inferior a la santidad de Cristo porque la iglesia y sus líderes están constituidos por los pecadores. El Papa Francisco, también se identifica al mundo como un pecador. Incluso el Papa es un pecador, y la enseñanza de la iglesia sobre la infalibilidad papal, limitada a los casos particulares de enseñanza en la fe y la moral, no se ha negado nunca. Mucho como Jesús mismo, el Papa Francisco no tiene miedo a hacer declaraciones polémicas sacudiendo a las personas, creyentes y no creyentes, de su zona de confort y cambiar su paradigma de pensamiento. Para el papa Francisco, el problema con la iglesia hoy en día no son sus enseñanzas o doctrinas morales, sino los miembros de la iglesia y aún muchos de los líderes, quienes no practican lo que predican. Si el mundo viera a los católicos vivir verdaderamente, creyendo en lo que dijeron que creían, el mundo tendría más respeto por la iglesia cuando ésta enseñara sobre el aborto, la homosexualidad y otros temas similares.

El Papa Francisco no tiene miedo de llamar a la iglesia a la hipocresía. Incluso abordó el tema de los escándalos de abusos sexuales por su cuenta en el Día Mundial de la Juventud y enfrentó el tema frente durante su época como cardenal. Hablando no de la institución de la Curia en sí, sino de los compinches del Vaticano y los burócratas, le dijo a Eugenio Scalfari de La Repubblica, "los líderes de la Iglesia han sido a menudo Narcisistas, halagados y alabados por sus cortesanos. La corte es la lepra del papado". Continuó describiendo esta actitud que debe cambiar, "Vela y cuida de los intereses del Vaticano, que son todavía, en su mayor parte, intereses temporales. Esta visión centrada en el Vaticano ignora el mundo que nos rodea. Yo no comparto este punto de vista y voy a hacer todo lo posible para cambiarlo".

La Curia, como el Papa Francisco le dijo al Padre Spadaro, es una institución necesaria prevista para ayudar al Papa. Hay varias congregaciones, como sobre el Clero, la Fe, sobre la Evangelización, sobre Obispos, de Justicia y Paz, de la Adoración y más. El Papa, como un solo hombre, nunca podría hacer todo el trabajo por sí mismo y cubrir los asuntos de todo el mundo. La Curia ha sido a veces reaccionaria y ha tenido la tendencia a la centralización y a la institucionalización. El Papa Francisco ha señalado, por ejemplo, que muchos de los casos que llegan a la congregación para la doctrina de la fe que se refieren a asuntos de enseñanzas heterodoxas podrían ser manejadas más adecuadamente a nivel Diocesano.

El Papa Francisco ha admitido que no sabe qué hacer con todos los problemas del Vaticano, aun así está comprometido a aprender más acerca de los problemas y buscar las reformas adecuadas. Su liderazgo más eficaz para la reforma es su ejemplo de humildad, transparencia y autenticidad, así como él ha dicho, la reforma de la iglesia debe comenzar primero con la conversión de los corazones. El 13 de abril, el Papa Francisco nombró ocho cardenales para formar un panel para investigar cómo podría reformarse la Curia para servir más eficazmente al Papa y a la iglesia. Inicialmente, el Papa Francisco mantuvo a los titulares en la Curia, pero después del verano hizo una serie de cambios fundamentales. El 31 de agosto, nombró al arzobispo Pietro Parolin, un veterano diplomático del Vaticano, como Secretario de Estado en lugar del cardenal Bertone.

Luego, el 21 de septiembre, nombró a nuevos prefectos de la congregación para la doctrina de la fe y la congregación para la evangelización. También nombró a un nuevo centro penitenciario apostólico para supervisar las investigaciones sobre el Sacramento de la reconciliación. También nombró a un nuevo Secretario General para el Sínodo de obispos para darle a la discusión entre los obispos del mundo un lugar más prominente en el Vaticano. El Papa Francisco también tiene un especial interés en reformar el banco del Vaticano. Requiere una mayor transparencia en la institución y nombró una Comisión de auditoría para supervisar el Banco propenso a la corrupción. El banco del Vaticano publicó su primer informe de ganancias de 01 de octubre de 2013.

El Papa Francisco ha subrayado que el foco de la iglesia siempre debe de ser Cristo y proclamar el amor de Cristo es primario. Otras doctrinas de la iglesia siguen las más fundamentales. El Directorio General para la catequesis, publicado en 1997 por la congregación del Vaticano para el clero, afirma que la fe católica "tiene un carácter jerárquico integral, que constituye una síntesis coherente y vital de la fe. Esto se organiza en torno al misterio de la Santísima Trinidad, en una perspectiva cristología [o centrada en Cristo], porque ésta es la fuente de todos los otros misterios de la fe, la luz que los ilumina. "

Recordando esta jerarquía de verdades, uno en el cual las verdades más fundamentales iluminan a los demás, el Papa Francisco dijo al Padre Spadaro, "No podemos insistir sólo en cuestiones relacionadas con el uso de métodos anticonceptivos aborto y matrimonio gay. Esto no es posible. No he hablado mucho sobre estas cosas, y fui reprendido por eso. Pero cuando hablamos de estos temas, tenemos que hablar de ellos en un contexto. La enseñanza de la iglesia, de hecho, es clara y yo soy un hijo de la iglesia, pero no es necesario hablar de estos temas todo el tiempo. Las enseñanzas dogmáticas y morales de la iglesia no son todas equivalentes. El Ministerio pastoral de la iglesia no puede estar obsesionado con la transmisión de una multitud inconexa de las doctrinas que se impondrá con insistencia. La proclamación en un estilo misionero se centra en lo esencial, en las cosas necesarias: esto es también lo que fascina y atrae a más, lo que hace que el corazón arda, como le sucedió a los discípulos de Emaús. "El Papa Francisco no critica las enseñanzas de la iglesia sobre el aborto o la homosexualidad. En cambio, está hablando de una presentación clara del mensaje del Evangelio, sin la cual, estas enseñanzas caerán en oídos sordos. De hecho, el 12 de mayo, el Papa Francisco había sorprendido a más de 40.000 personas que se reunieron para la Marcha por la Italiana por la Vida, uniéndoseles personalmente.

El tema del papel de la mujer en la iglesia se ha mantenido en la palestra, especialmente en los medios de comunicación. El Papa Juan Pablo II escribió en su carta apostólica de 1994 Ordinatio Sacerdotalis "A fin de que pueden quitarse todas las dudas con respecto a un asunto de gran importancia... Declaro que la iglesia no tiene autoridad alguna para conferir la ordenación sacerdotal a las mujeres y que este juicio definitivamente se realizará por los fieles de la iglesia". La iglesia, obligada por las escrituras y la tradición, encuentra sin apoyo en el mensaje de las mujeres a ser ordenadas como sacerdotes, y el hecho de que Cristo mismo eligió solamente varones para sus apóstoles refuerza esta creencia. El Papa Francisco confirmó que no se debe considerar la ordenación de mujeres al sacerdocio. Él dijo a los periodistas en el avión a Rio "referente a la ordenación de mujeres, la iglesia ha hablado y dice, 'No.' Juan Pablo II dijo, pero con una formulación definitiva. Está cerrada esa puerta… Pero él ha llamado en numerosas ocasiones para una teología más profunda de la mujer en la iglesia. "Mientras que las mujeres ocupan muchas posiciones de autoridad en la iglesia y sus instituciones hoy, el papa Francisco dice que la pregunta no es si una mujer debe tener esta posición o la otra. Le dijo a los periodistas, "¡! Debe ser más, pero mucho más, también místicamente más, con lo que he dicho sobre la teología de la mujer." Una teología tan profundizada de la mujer en la iglesia debe tener en cuenta que mientras los apóstoles recibieron la autoridad de la iglesia, María, la madre de Dios, es todavía más grande que lo que ellos son para la vida de la iglesia.

El Papa Francisco y la Juventud

Papa Francisco ha tocado un acorde especial con la juventud. Su relación siempre ha sido estrecha con los jóvenes. Trabajó muchos años como profesor de escuela secundaria y más tarde como un confesor y director espiritual, muy popular entre la juventud, cuando era Obispo auxiliar. Les entiende. La juventud y particularmente la generación actual, respetan la autenticidad en el carácter de una persona. Son muy sensibles a la hipocresía, respetando a una persona genuina, incluso si ellos están en desacuerdo. El Papa Francisco ofrece a los jóvenes autenticidad, simplicidad, acción y verdad.

El Día Mundial Juvenil de 2013 estaba programado del 23 al 28 julio, en Río de Janeiro, Brasil. Antes de su dimisión, no estaba claro si el Papa Benedicto XVI podría hacer el viaje para el día 28vo. Día Mundial de la Juventud, debido a su salud. Sus médicos, de hecho, le habían dicho que no podía tomar vuelos internacionales. En julio del 2013, como obra de la providencia, sería el turno del Papa Francisco llevar a cabo la celebración perenne de la juventud del mundo católico fundada por el Papa Juan Pablo II. Esta vez la celebración tuvo lugar en Río de Janeiro, que se encuentra en América Latina, la tierra del Papa Francisco.

Habiendo cargado su propio equipaje a Pastor 1, el avión de Alitalia usado por el Papa y aquellos que viajan con él, el Papa Francisco saludó a los miles de jóvenes que llegaron al aeropuerto para darle la bienvenida el 22 de julio, "Pido permiso para entrar y pasar esta semana con ustedes" (como se reportó en el National Catholic Reporter). Si el Papa Francisco necesitaba una respuesta, pronto la encontraría. El Papamóvil, durante su camino al palacio presidencial, tuvo que tomar un desvío y avanzaba lentamente, a pulgadas, debido a la congestión y a las multitudes. Entusiastas multitudes aprovecharon la oportunidad para saltar cerca de él y amorosamente rodear el vehículo el Santo Padre, deseando tocarlo. Mientras que la seguridad papal se alarmó, el Papa Francisco se sentía en casa, dándole la mano a través de la ventana y saludando a los simpatizantes. Para darle más dolores de cabeza a su seguridad, pero también para el deleite de la multitud, el Papa Francisco había cambiado el Papamóvil, cerrado por vidrio a prueba de balas, por un Jeep blanco al aire libre, al igual que lo ha hecho en Roma.

Una hora más tarde, el Papa Francisco finalmente alcanzó el palacio presidencial. Expresó su alegría para estar de vuelta en América Latina, atribuyéndolo a la "amorosa" Providencia de Dios que Benedicto XVI lo hubiera seleccionado para ir al evento a Rio. Haciendo eco a San Pedro, le dijo a la multitud, "no tengo plata ni oro, pero traigo conmigo la cosa más preciada que me ha sido dada: ¡Jesucristo!" Después de haber visitado a los ricos, el Papa Francisco no olvidó a los pobres. Ese día se dirigió más tarde a las favelas, los barrios que rodean el horizonte moderno de Río de Janeiro, pasar tiempo con los más pobres de la ciudad como estaba acostumbrado a hacer en Buenos Aires. Les dijo: "el pueblo brasileño, particularmente el más humilde entre vosotros, puede ofrecer al mundo una lección de solidaridad, una palabra que es a menudo olvidada o silenciada porque es incómoda."

El 24 de julio, el Papa Francisco habló con los periodistas acerca de los problemas que enfrentan los jóvenes hoy en día. Recordando las lecciones que aprendió sobre el valor del trabajo de su propia juventud, el santo padre compartió, "Los jóvenes, en este momento, están en una situación de crisis. Estamos un poco acostumbrados a esta cultura de rechazo: demasiado a menudo nos deshacemos de los ancianos. Pero ahora, esta cultura también rechaza a los jóvenes desempleados, la cultura del rechazo les afecta demasiado. ¡Tenemos que eliminar esta costumbre de rechazo!"

Como cardenal, el papa Francisco escuchaba a menudo confesiones en grandes eventos. Continuó esta práctica; se unió a sus hermanos sacerdotes para escuchar las confesiones de los jóvenes en la Quinta da Boa Vista Park en Río de Janeiro, el 26 de julio. Después de participar en un programa completo de eventos con la juventud del mundo que se reunió en Río de Janeiro, el Papa Francisco estuvo acompañado por más de 3 millones de jóvenes para la masiva misa del domingo en las playas de Copacabana, un sitio más familiarizado con la fiesta que con los servicios papales. Dijo a la gente joven, resumiendo su homilía, "Vayan, no tengan miedo de ir y servir. Si ustedes cumplen con estas tres ideas, ustedes experimentarán que quien evangeliza es evangelizado, quien transmite la alegría de la fe recibe más alegría." El santo padre cree que los jóvenes son los que llegarán a los más jóvenes para llevarlos a Cristo. La juventud en Rio había depositado su confianza en el Papa Francisco. Cuando iba saliendo para Roma el 29 de julio, el Papa Francisco dijo a la juventud, "siempre colocaré mis esperanzas en los jóvenes".

El Papa Francisco volvería a ver a la juventud bastante pronto. Se reunió con unos 20.000 jóvenes fuera de Basílica de Nuestra Señora de los Ángeles en Asís el 4 de octubre, hacia el final de la celebración del memorial de San Francisco. Allí, respondió a muchas de sus preguntas. Mientras la generación del Milenio se ha caracterizado a menudo por su falta de compromiso, el Papa Francisco llamó a los jóvenes a no tener miedo: "Quiero decirles que no tengan miedo de tomar medidas definitivas en la vida".

Les dijo, "les pido, en cambio, que sean revolucionarios, les pido que naden contra la corriente; Sí, les estoy pidiendo que se rebelen contra esta cultura que todo lo ve como algo temporal y que en última instancia cree que es incapaz de ser responsable - que cree que es incapaz del amor verdadero. Tengo confianza en ustedes y rezo por ustedes. Tengan el coraje de nadar contra la corriente y que también tengan el coraje para ser felices." Explicó que el matrimonio y el sacerdocio son los compromisos definitivos a través de los cuales encontramos la satisfacción. "Una vez oí a un buen seminarista decir: Yo quiero ser un sacerdote durante diez años y luego lo voy a reconsiderar otra vez. Es la cultura de provisionalidad. Jesús no nos salva provisionalmente, él nos salvó definitivamente".

Papa Francis también alentó a los jóvenes a ver el matrimonio como una verdadera vocación, diciéndoles, "Hace falta valor para formar una familia". También denunció la cultura del divorcio que se ha incrementado en las últimas décadas: "¿Sabes que el matrimonio es para toda la vida? 'Sí, nos amamos, pero nos quedaremos juntos mientras dure el amor. Cuando termine, vamos a separarnos.' Eso es egoísmo."

Al mismo tiempo, el Papa Francisco también ha expresado preocupación pastoral por los católicos que se divorcian y se vuelven a casar. Es una práctica contraria a las enseñanzas de la iglesia, sin embargo, muchos católicos se encuentran hoy en ese estado y no pueden recibir la comunión. El Santo Padre llama a tales personas a participar activamente en la vida parroquial y permanecer cerca de Cristo. Mientras tanto, el Papa Francisco convocó su primer Sínodo extraordinario de los obispos a reunirse en octubre del 2014 para discutir el tema de la familia y el matrimonio, una institución que es tan esencial para la sociedad, pero que sigue en crisis.

La Función del Papa Francisco en la Iglesia

Como un profeta del antiguo testamento que sacude a los creyentes y a los no creyentes con sus palabras y acciones, el Papa Francisco sigue provocando encabezados por todo el mundo casi todos los días. Continúa aplicando la 'medicina de la misericordia' que el Papa Juan XXIII pidió en el Concilio Vaticano II en situaciones nuevas y sorprendentes. Desde el 'El Fin del Mundo', el Papa argentino aporta una nueva perspectiva sobre la fe tradicional. Está llevando a cabo su papel como maestro supremo más elocuentemente a través de sus gestos de amor y misericordia. Toca un acorde en los corazones de muchos que se habían cerrado en el pasado para lo que ofrecía la iglesia.

El Papa Francisco quiere que esta medicina de misericordia llegue a todo el mundo. Habla de una 'clase media Santa' que quiere alcanzar y fomentar. Dice al Padre Spadaro, "hay una 'Santa clase media,' que la cual todos podemos ser parte... Veo la santidad en la paciencia del pueblo de Dios: una mujer que está criando a los niños, un hombre que trabaja para traer a casa el pan, los enfermos, los sacerdotes ancianos que tienen tantas heridas, pero tienen una sonrisa en sus caras porque sirvieron al señor, las hermanas que trabajan duro y viven una santidad oculta. Esto es para mí la santidad común."

Mientras el Papa Francisco a menudo ha sido comparado en los medios de comunicación con sus antecesores, en realidad hay mucha continuidad. Los cambios del Papa Francisco no están diseñados como un reproche a los papas anteriores, son simplemente la manera en la que siempre ha ministrado como pastor. El Cardenal Dolan nos dice en "Orando en Roma", "El Papa Francisco es un hombre simple y sincero, no uno que mida y planee sus acciones y mensajes. Es sólo es él mismo. Esto es lo que es. No tiene ningún plan de marketing que diga, por ejemplo, que no va a vivir en los apartamentos papales o que sólo va a hablar en italiano. Su estrategia y su protocolo son su sinceridad".

Los tres papas deben considerarse como una hermenéutica de la continuidad. Como el Papa Juan Pablo II, el Papa Francisco es un personaje carismático y abierto, viene de una tierra lejana, ama a los jóvenes y tiene gran devoción a María. Como hijo de Polonia, está interesado en una teología de la mujer basada en el ejemplo de la Santísima Virgen, ha lidiado con regímenes opresivos y habla fuertemente de la doctrina social de la iglesia. De hecho, el Papa Francisco ha finalizado y aprobado la canonización del Beato Juan Pablo II como un santo, la cual presidió el 27 de abril del 2014. Como el Papa Benedicto XVI, el Papa Francisco le profesa un amor a la iglesia como la novia de Cristo, advierte contra la reducción de la iglesia a simplemente una organización no gubernamental, tiene celo por la justicia social y tiene una presencia personal de humildad.

El Papa Francisco compartió lo siguiente sobre la dimisión de su predecesor, "el Papa Benedicto XVI ha hecho un acto de santidad, grandeza y humildad. Él es un hombre de Dios". De hecho, el 29 de junio, el Papa Francisco promulgó la encíclica Fidei Lumen (La Luz de la Fe), en la que el Papa Benedicto había estado trabajando como una catequesis para el Año de la Fe y ha añadido algunas cosas de su propio puño.

La encíclica, que habla elocuentemente, en el estilo habitual del Papa Benedicto, sobre la armonía de la fe y la razón y la importancia de la fe para la sociedad como un todo, completa la serie de encíclicas que el Papa Benedicto había previsto como una catequesis sobre las virtudes teologales: fe (Lumen Fidei en 2013), esperanza (Spes Salvi en 2007) y caridad (Deus Caritas Est en 2005). El Papa Francisco visitó con el emérito del Papa en Castel Gandolfo el 23 de marzo y en los Jardines Vaticanos el 6 de julio, para conversar y rezar. En Castel Gandolfo, Benedicto XVI Papa-emérito, vestido como lo hace ahora con una simple sotana blanca, intentó mostrar deferencia especial al Papa Francisco, a lo que el nuevo Santo Padre respondió, "Somos hermanos".

De hecho, incluso algunos han descrito los tres pontificados en términos de las tres virtudes teologales: esperanza de Juan Pablo II, quien animó a la gente durante la guerra fría a través del Milenio a "no tener miedo"; fe, por el Papa Benedicto XVI, quien hizo hincapié en la unidad de la fe y la razón y la caridad para el Papa Francisco, que ha puesto las enseñanzas de sus predecesores en práctica de una manera dramática y conmovedora. Los tres papas han trabajado sucesivamente para aplicar plenamente el Concilio Vaticano II. El Papa Francisco hereda del Papa Juan Pablo II y Benedicto XVI, los límites pastorales para la reforma del Concilio Vaticano II para mantener la continuidad con la iglesia a lo largo de los siglos. Los tres papas han enseñado la misma Fe de la Iglesia.

El Papa Francisco nos dice que a pesar de los problemas de la iglesia y el mundo, debemos tener esperanza en el futuro. El 15 de marzo, le dijo al Colegio Cardenalicio, "nunca cedan ante el pesimismo del diablo, su desaliento ni amargura. Los cristianos tienen que compartir el mensaje del Evangelio con alegría y coraje porque verdaderamente responderá a lo que la gente necesita". El Santo Padre explicó al Padre Spadaro que no es optimismo lo que él está buscando. Él dice, "no me gusta usar la palabra optimismo ya que se trata de una actitud psicológica. Me gusta usar la palabra esperanza en su lugar... Los padres de la fe seguían caminando, con dificultades. Y la esperanza no defrauda..." Él continúa, "la esperanza cristiana no es un fantasma y no engaña. Es una virtud teológica y por lo tanto, en última instancia, es un regalo de Dios que no puede reducirse a optimismo, que es humano. Dios no confunde la esperanza; Dios no pueden negarse a sí mismo. Dios es la promesa".

Hoy en día, muchas personas buscan que la iglesia cambie. Algunos están buscando que el Papa Francisco cambie las doctrinas. El Papa Francisco ha insistido en que lo que hay que cambiar no son las doctrinas, que por su naturaleza no se pueden cambiar, sino a la gente. El Cardenal Dolan habla de los cambios futuros en el papado el Papa Francisco, "El Papa pedirá un cambio radical dentro de nuestros corazones y almas, porque eso es lo que Jesús hizo. La iglesia está interesada en un cambio del corazón humano - un cambio conocido también como el arrepentimiento y la conversión".

El Papa Francisco explica al Padre Spadaro su acercamiento a los problemas de la iglesia de hoy, "Lo que la iglesia necesita más hoy es la capacidad de curar las heridas y suavizar los corazones de los fieles; necesita cercanía, proximidad. Veo la iglesia como un hospital de campaña tras la batalla. Hay que sanar las heridas. Después podemos hablar de todo lo demás."

El Rosario

La siguiente sección fue escrita y reunida por el editor

En una entrevista, en septiembre del 2013, el Papa Francisco discute sus oraciones diarias, declarando: "todas las mañanas rezo del Breviario. Me gusta rezar con los Salmos. Luego, más tarde, celebro misa. Rezo del Rosario. Lo que prefiero es la adoración por la noche, incluso cuando me distraigo y pienso en otras cosas o incluso me quedo dormido rezando. Por la tarde, entre el 7 y 8, me quedo en adoración durante una hora ante el Santísimo Sacramento. Pero oro mentalmente incluso cuando estoy esperando en el dentista o en otros momentos del día. "

Un mes antes, en la Misa de la asunción de la Bienaventurada Virgen María, el Papa Francisco instó a los católicos a rezar el Rosario, "María se une a nosotros, pelea a nuestro lado. Ella apoya a los cristianos en la lucha contra las fuerzas del mal. Especialmente a través de la oración, a través del Rosario. Escúchame, el Rosario... ¿Rezas el Rosario cada día? No sé, ¿estás seguro? ¡Allá vamos!"

Cuando niño, recuerdo haber visto a mi abuela a rezar el Rosario. Recuerdo haber pensado que la práctica era rara, incluso aterradora de ver. A menudo nos asustan las cosas que no entendemos, y desde entonces he aprendido que la tradición de rezar el Rosario es muy hermosa. Espero que el siguiente capítulo proporcione instrucción y referencia para los católicos practicantes y una comprensión más profunda para aquellos de otras religiones. El siguiente capítulo explica en detalle las tradiciones de rezar el Rosario, una tradición que Papa Francisco aprecia mucho.

Las secciones siguientes proporcionan una breve descripción de cómo rezar el Rosario. Esta sección también aparece en La Vida y Legado del Papa Juan Pablo II, por Wyatt North.

En primer lugar, empiece sosteniendo la Cruz y repitiendo: "la Señal de la Cruz".

La Señal de la Cruz

En Nombre del Padre, del Hijo y del Espíritu Santo.
Luego se dice "El Credo del Apóstol" en la cruz.

El Credo del Apóstol

Yo creo en Dios, Padre Todopoderoso, creador del cielo y la tierra y en Jesucristo, su único hijo, nuestro Señor; Que fue concebido por el Espíritu Santo, nacido de la Virgen, sufrió bajo Poncio Pilato, fue crucificado, muerto y sepultado, descendió a los infiernos; al tercer día se levantó de entre los muertos; Ascendió a los cielos, y está sentado a la diestra de Dios, Padre Todopoderoso, y desde allí vendrá a juzgar a vivos y muertos. Yo creo en el Espíritu Santo, la Santa Iglesia Católica, la comunión de los Santos, el perdón de los pecados, la resurrección del cuerpo y la vida eterna. Amén.

A continuación, en la única cuenta justo por encima de la Cruz, rezar el "padre nuestro". Recuerde, las oraciones del Rosario se consideran oraciones meditativos en comparación con las oraciones personales. En la oración personal habla la oración a Dios. En la oración meditativa permitimos a Dios que nos hable a través de su Palabra y su Espíritu.

Nuestro Padre

Padre nuestro que estás en los cielos, santificado sea tu nombre; Vénganos tu reino, hágase tu voluntad así en la tierra como en el cielo. Danos hoy nuestro pan de cada día; y perdona nuestras ofensas como nosotros perdonamos a los que nos ofenden; y nos no caer en tentación, más líbranos del mal. Amén.

El grupo siguiente en el Rosario tiene 3 cuentas. En este grupo de cuentas, la oración a recitarse es el "Ave María". La oración debe recitar 3 Ave Marías mientras que permite que Dios le hable a través de sus palabras en las tres virtudes divinas de fe, esperanza y amor.

Ave María

Dios te salve María, llena eres de gracia, el señor es contigo, bendita tú eres entre todas las mujeres y bendito es el fruto de tu vientre, Jesús. Santa Madre de Dios, ruega por nosotros los pecadores, ahora y en la hora de nuestra muerte. Amén.

Repita esto tres veces.

Después de las tres cuentas, hay una cadena. Sujete la cadena y recite la oración "Gloria al Padre".

Gloria al Padre

Gloria al Padre, al Hijo y al Espíritu Santo.

La siguiente cuenta es una perla única. Mantenga ésta en la mano y recite el misterio divino de la contemplación. Por ejemplo, si fuera un lunes o un sábado, diría el primer misterio gozoso, "La Anunciación".

El primer misterio gozoso: La Anunciación del Ángel Gabriel a María (LC 1:26-38)

En el sexto mes, el ángel que Gabriel fue enviado por Dios a una ciudad de Galilea llamada Nazaret, a una virgen prometida a un hombre que se llamaba José, de la casa de David, y el nombre de la Virgen era María. Y llegando a ella, dijo: "¡Salve, favorecida! El señor es contigo". Pero ella estaba enormemente preocupada en lo que se le había dicho y reflexionó sobre qué especie de saludo podría ser este. Entonces el ángel le dijo: "No tengas miedo, María, que has encontrado favor con Dios. He aquí que concebirás en tu vientre y darás a luz a un hijo, y le pondrás por nombre Jesús. Él será grande y será llamado hijo del Altísimo, el Señor Dios le dará el trono de David su padre y él se gobernará de la casa de Jacob para siempre y su reino no tendrá fin."

Pero María dijo al ángel: "¿Cómo puede ser, ya que no tengo ninguna relación con un hombre?" Y el ángel le respondió, "el Espíritu Santo vendrá sobre ti, y el poder del Altísimo te cubrirá.

Por lo tanto el niño que nacerá será llamado Santo, el hijo de Dios. Y he aquí, Isabel, tu pariente, ha concebido también un hijo en su vejez, y este es el sexto mes para ella que se llamaba estéril; pues nada es imposible para Dios." María dijo: "he aquí, yo soy la esclava del señor. Hágase en mí según tu palabra." Entonces el ángel partió.

Entonces puede orar la oración del "Padre nuestro" por segunda vez.

Padre Nuestro

Padre nuestro que estás en los cielos, santificado sea tu nombre; Vénganos tu reino, hágase tu voluntad así en la tierra como en el cielo. Danos hoy nuestro pan de cada día; y perdona nuestras ofensas como nosotros perdonamos a los que nos ofenden; y nos no caer en tentación, más líbranos del mal. Amén.

Esto le lleva a un conjunto de diez cuentas en el Rosario. Entonces deberá rezar 10 Avemarías contemplando el primer misterio. El ejemplo de la Anunciación está descrito arriba.

Ave María

Dios te salve María, llena eres de gracia, el señor es contigo, bendita tú eres entre todas las mujeres y bendito es el fruto de tu vientre, Jesús. Santa Madre de Dios, ruega por nosotros los pecadores, ahora y en la hora de nuestra muerte. Amén.

Repita esto diez veces.

Después de las 10 Avemarías que ha completado la primera de 5 décadas. La siguiente sección del Rosario, es una sola perla. Repita el "Gloria al Padre."

Gloria al Padre

Gloria al Padre, al Hijo y al Espíritu Santo

Luego, en la misma cuenta, rece "Oh Mi Jesús."

Oh Mi Jesus

Oh Jesús mío, ten piedad de nosotros. Perdónanos nuestros pecados. Sálvanos de los fuegos del infierno. Lleva todas las almas al cielo, especialmente a las más necesitadas de tu misericordia. Amén.

Luego, en la misma cuenta, anuncie el segundo o siguiente misterio. Por ejemplo: si es unes hay que rezar los Misterios Gozosos, el segundo misterio gozoso es la visitación.

El segundo misterio gozoso: La visitación de María a Isabel (LC 1:39-50)

Durante esos días María viajó a las colina a toda prisa, a un pueblo de Judá, donde entró en la casa de Zacarías y saludó a Elizabeth. Cuando Elizabeth oyó el saludo de María, el niño saltó en su vientre, y Elizabeth, llena del Espíritu Santo, clamó en voz alta y le dijo: "más Bendita eres tú entre las mujeres, y bendito es el fruto de tu vientre. Y ¿cómo sucede esto a mí, que la madre de mi señor debe venir a mí? Para en el momento en que el sonido de tu saludo llegó a mis oídos, el niño en mi vientre saltó de alegría. Bienaventurados los que crean que lo que fue dicho a ti por el señor se cumplirá." Y María dijo: "Mi alma proclama la grandeza del señor; mi espíritu se alegra en Dios mi Salvador. Porque ha mirado a la humildad de su esclava; He aquí, que de ahora en adelante todas las generaciones me llamarán bienaventurada. El Poderoso ha hecho grandes cosas por mí, y Santo es su nombre. Su misericordia es eterna para aquellos que le temen..."

Luego, repita el "Padre Nuestro"

Padre Nuestro

Padre nuestro que estás en los cielos, santificado sea tu nombre; Vénganos tu reino, hágase tu voluntad así en la tierra como en el cielo. Danos hoy nuestro pan de cada día; y perdona nuestras ofensas como nosotros perdonamos a los que nos ofenden; y nos no caer en tentación, más líbranos del mal. Amén.

Ahora llegará al segundo grupo de 10 cuentas. Deberá rezar 10 Avemarías contemplando el misterio correspondiente.

Ave María

Dios te salve María, llena eres de gracia, el señor es contigo, bendita tú eres entre todas las mujeres y bendito es el fruto de tu vientre, Jesús.

Repita esto diez veces.

Ahora puede continuar con cada misterio, repitiendo el ciclo como se ilustró arriba. A continuación se presentan los restantes tres misterios gozosos. Por lo general, los Misterios Gozosos se rezan el lunes y el sábado. Los cinco Misterios Dolorosos son meditados los martes y viernes, los cinco Misterios Gloriosos los miércoles y los domingos y los Cinco Misterios Luminosos el jueves.

El tercer misterio gozoso: EL NACIMIENTO DE NUESTRO SEÑOR (LC 2:1-14)

En aquellos días salió un decreto de Augusto César, que indicaba que todo el mundo debía ser registrado. Este fue el primer registro, siendo Cirenio gobernador de Siria. Así que todos fueron a registrarse, cada uno a su propio pueblo. Y José subió también desde Galilea, de la ciudad de Nazaret, a Judea, a la ciudad de David que se llama Belén, porque era de la casa y de la familia de David, para inscribirse con María, su prometida, que estaba encinta. Mientras ellos estaban allí, llegó el momento para que ella tuviera a su hijo, y dio a luz a su hijo primogénito. Lo envolvió en pañales y lo acostó en un pesebre, porque no había lugar para ellos en el mesón. Ahora había pastores en la región viviendo en los campos y vigilando sus rebaños por la noche.

El ángel del Señor se les apareció y la gloria del señor brilló alrededor de ellos, y fueron invadidos de un gran temor. El ángel dijo, "no tengas miedo; Porque he aquí, que proclamo buenas noticias que serán de gran alegría para toda la gente. Hoy en la ciudad de David ha nacido un Salvador que es el Mesías y Señor. Y esto os servirá de señal: encontrarán un niño envuelto en pañales y acostado en un pesebre. "Y de repente hubo una multitud del ejército celestial con el ángel, alabando a Dios y diciendo: "Gloria a Dios en las alturas y en la tierra paz a aquellos sobre los cuales descansa su favor".

El cuarto misterio gozoso: Presentación de nuestro Señor (LC 2:22-35)

Cuando terminaron los días de su purificación según la ley de Moisés, lo llevaron a Jerusalén para presentarlo al señor, como está escrito en la ley de Jehová, "Cada hombre que abra la matriz deberá ser consagrado al Señor," y ofrecer el sacrificio de "un par de tórtolas o dos pichones "según el dictado de la ley de Jehová. Ahora había un hombre en Jerusalén que se llamaba Simeón. Este hombre era justo y devoto, y estaba a la espera de la consolación de Israel, y el Espíritu Santo vino sobre él. Le había sido revelado a él por el Espíritu Santo que no moriría antes de haber visto al Mesías del Señor. Él entró en Espíritu en el templo; y cuando los padres trajeron al niño Jesús para llevar a cabo la costumbre de la ley con respecto a él, lo tomó en sus brazos y bendijo a Dios, diciendo: "Ahora, Maestro, puedes dejar a tu siervo en paz, conforme a tu palabra, porque han visto mis ojos tu salvación, que has preparado a la vista de todos los pueblos, una luz de revelación a los Gentiles y gloria para tu pueblo Israel. " El padre y la madre del niño estaban asombrados de lo que se había dicho de él; y Simeón les bendijo y dijo a María su madre, "He aquí, que este niño está destinado para la caída y el surgimiento de muchos en Israel y será una señal que será contradicha (y usted mismo perforará una espada) para que los pensamientos de muchos corazones puedan ser revelados."

El quinto misterio gozoso: El hallazgo de nuestro Señor en el templo (LC 2:41-52)

Cada año sus padres asistían a Jerusalén para la fiesta de Pascua, y cuando tenía doce años, fueron al festival como acostumbrado. Después de que habían completado sus días, cuando regresaron, el niño Jesús se quedó atrás en Jerusalén, pero sus padres no lo sabían. Pensando que estaba en la caravana, viajaron por un día y lo buscaron entre sus familiares y conocidos, pero no lo encontraron, así que regresaron a Jerusalén para buscarlo. Después de tres días lo encontraron en el templo, sentado en medio de los maestros, escuchándoles y haciéndoles preguntas, y todos los que lo oyeron se asombraron de su entendimiento y de sus respuestas.

Cuando sus padres lo vieron, se asombraron, y su madre le dijo: "Hijo, ¿por qué nos haces esto a nosotros? Tu padre y yo hemos estado buscándote con gran ansiedad." Y él dijo, "¿por qué me buscabas? ¿No sabías que yo debo estar en casa de mi padre?" Pero ellos no entendían lo que les dijo. Él volvió con ellos a Nazaret y fue obediente con ellos; y su madre guardó todas estas cosas en su corazón. Y Jesús avanzó (en) sabiduría y edad y en favor ante Dios y el hombre.

Los rezos adicionales para el Rosario son los siguientes:

Oremos

Oh Dios, por la vida, muerte y resurrección de su hijo unigénito, compró para nosotros las recompensas de la vida eterna; Grant, te imploramos que mientras que la meditación en los misterios del Santo Rosario, debemos imitar lo que contienen y obtención lo que prometen. Por el mismo Cristo nuestro señor. Amén.

ORACIÓN DE FÁTIMA

La Santísima Trinidad - padre, Hijo y Espíritu Santo - les adoro profundamente. Les ofrezco el más precioso Cuerpo, Sangre, Alma y Divinidad de Jesucristo, presente en todos los tabernáculos del mundo, en reparación por los ultrajes, sacrilegios e indiferencias por los que él es ofendido. Y por los méritos infinitos de su Sagrado Corazón y del Inmaculado Corazón de María, les ruego la conversión de los pobres pecadores.

MEMORARE

Recuerda, O piadosísima Virgen María que no se conoce de nadie que haya implorado tu protección, tu ayuda o que haya buscado tu intercesión, haya desahuciado. Inspirado con esta confianza, venimos a ti, Oh Virgen de las vírgenes, nuestra Madre. Venimos a ti; pecaminoso y dolorosos. Oh madre del Verbo Encarnado, no desprecies nuestras peticiones, y en tu misericordia, escucha y respóndenos. Amén.

Extracto del capítulo de la vida y oraciones del Papa Juan Pablo II

Como Papa, Juan Pablo buscó las palabras de Jesús a Pedro, su predecesor, para orientación: "Y cuando te hayas convertido otra vez, fortalece a tus hermanos" (Lucas 22:32). Hacia ese fin, los primeros esfuerzos de Juan Pablo fueron fortalecer a los miembros de la iglesia.

Uno de sus primeros objetivos fue fortalecer la familia. Con ese fin, al principio de su papado, organizó audiencias generales del miércoles en una serie de 129 conferencias organizadas en torno a un solo tema. Esto tuvo lugar entre septiembre de 1979 y noviembre de 1984. Estas homilías fueron más tarde compiladas y publicadas como la *Teología del Cuerpo*, que fue, en parte, una tentativa extendida para eliminar cualquier residuo de desprecio gnóstico para el cuerpo humano. En estas conversaciones, presentó cuidadosamente su visión de las relaciones familiares, elaborando sobre lo que había dicho antes en su libro, *Amor y*

Responsabilidad. El matrimonio era una vocación, así como el sacerdocio era una vocación, y la fidelidad fue el núcleo de ambas.

Incluyó su explicación de por qué las relaciones sexuales naturales, sin impedimentos por intervenciones de control de la natalidad artificial, eran el plan de Dios para defender la dignidad humana de marido y mujer. Aunque admitió que la planificación familiar era parte de una relación responsable, argumentó que esto sólo podía tener lugar a través de medios naturales de regulación de la fertilidad aprobados por iglesia. Los medios artificiales de control de natalidad eran, dijo, deshumanizantes.

Otro enfoque temprano fue el sacerdocio. En 1979, el jueves santo (8 de abril), el día que los sacerdotes renuevan sus votos, dirigió una carta a cada sacerdote católico. El saludo leía: "Mis queridos hermanos sacerdotes". Su mensaje fue diseñado para revitalizar su compromiso con sus vocaciones y restaurar la moral perdida. Considerando que el papa Pablo había permitido que más de 32.000 sacerdotes se liberaran de sus votos, Juan Pablo iba a dificultar el proceso. Él quería que sus sacerdotes recordaran por qué se habían convertido en sacerdotes y recuperar ese sentido de propósito. Recordarles de la importancia de su celibato sacerdotal, que es un don del espíritu, una renuncia para obtener a cambio el Reino de los cielos. A través de esta renuncia, el sacerdote se convierte en un hombre de servicio a los demás y es capaz de edificar la iglesia.

Como es sabido, el nuevo Papa empezó a viajar muy pronto. Viajó más extensivamente que ningún otro Papa antes, yendo personalmente a hablar con los fieles y a animarlos. Con visitas a África y Asia, demostró la importancia de las iglesias jóvenes para el futuro. Y mientras que en África, él desestimó la crítica sobre sus muchos viajes sugiriendo que los papas deben tomar sus señales no sólo de San Pedro, sino también desde el peripatético San Pablo. Sin embargo, no sólo hablaba a los católicos. Uno de sus primeros viajes lo llevó ante las Naciones Unidas (octubre de 1979), donde en un discurso de una hora de duración a la Asamblea General, hizo una presentación a las Naciones del mundo sobre los derechos humanos y la libertad humana.

Karol Wojtila siempre había creído que era tarea central de la iglesia proclamar el amor, la misericordia y el perdón de Dios. Esta fue su visión cuando asumió el liderazgo de la iglesia, y él lo articuló en sus primeros tres encíclicas como Papa. Él vio esto como un mensaje de alegría, elevando la dignidad de todos los seres humanos.

Él sabía muy bien que era su tarea como Papa completar la implementación del Concilio Vaticano II. En consecuencia, constantemente buscó dirección en el Concilio Vaticano II, particularmente en las declaraciones conciliares sobre el ecumenismo, la libertad religiosa y los laicos. Se centró especialmente en el Gaudium et Spes (ver arriba) con su énfasis en el papel de la iglesia en el mundo moderno, la dignidad de la persona humana y la comunidad de la humanidad. La iglesia no necesita limitarse a los edificios de las iglesias; tenía un papel que desempeñar en el mundo moderno.

Mientras que el Concilio Vaticano II había comenzado el proceso de "de-clericalización", o ajustar el énfasis desequilibrado en el clero, fue Juan Pablo que dio impulso a este esfuerzo. Él quería volver a poner énfasis en la iglesia como una comunidad en la que todos los bautizados son igualmente importantes. Como tal, había espacio para una multiplicidad de voces, — mujeres, jóvenes y varios movimientos católicos — para ser escuchados dentro de la unidad primordial de la Trinidad. La Trinidad en sí misma era el modelo de unidad en la diversidad, y fue la base para los esfuerzos de renovación de Juan Pablo para la iglesia.